Jogging mit Lydiard

Das Titelfoto sowie die Fotos im Innenteil wurden uns freundlicherweise von der Firma Adidas zur Verfügung gestellt.

Arthur Lydiard
in Zusammenarbeit mit Garth Gilmour

Jogging mit Lydiard

Meyer & Meyer Verlag

Originaltitel »Jogging with Lydiard«
Arthur Lydiard with Garth Gilmour
Hodder and Stoughton Ltd.
Auckland / New Zealand
© 1983
Übersetzung: Jürgen Schiffer, Mechernich-Satzvey

CIP-Titelaufnahme der Deutschen Bibliothek

Lydiard, Arthur L.:
Jogging mit Lydiard / Arthur Lydiard.
Aachen: Meyer & Meyer Verlag, 1990
Einheitssacht.: Jogging with Lydiard <dt.>
ISBN 3-89124-053-8

© 1990 by Meyer & Meyer Verlag, Aachen
Einbandgestaltung: Franz-Josef Mehlkopp, Schwalmtal
Schrift: Times
Gesamtherstellung: Sigrid Münch, Kall
Printed in Germany 1990

Inhaltsverzeichnis

Einleitung

Als sich an einem Sonntagmorgen vor mehr als 20 Jahren eine Gruppe buntgemischter Neuseeländer in einem Stadtpark von Auckland versammelte, um Arthur Lydiard zuzuhören und einen kurzen Lauf mit ihm durchzuführen, wurde das Jogging geboren, welches später zu einem wichtigen Bestandteil der Lebensweise von Millionen moderner Männer und Frauen wurde. Die Geschwindigkeit, mit der Arthur Lydiard die Gedankenwelt von Menschen in der ganzen Welt beeinflußte und sie zu körperlichem Training anregte, ist eines der Wunder unseres Zeitalters.

Gemessen an heutigen Maßstäben, war die Zusammenkunft von 1961 ein wenig belächelnswert — so unbedeutend wie der kleine Knopf, den man drückt, um eine Atombombe zu zünden. Die ausgelöste Joggingwelle hat sich jedoch seitdem über die ganze Welt verbreitet. Aus den 20 Joggern wurden zunächst Hunderte, dann Tausende und schließlich Millionen. Noch ist kein Ende der Entwicklung abzusehen.

Was als zögerndes individuelles Sporttreiben einiger weniger begann, ist mittlerweile zu einer lebendigen internationalen Bewegung geworden, die oftmals von staatlicher Seite gefördert und finanziell unterstützt wird. Das von den Staatsorganen der DDR geförderte Programm 'Lauf um Dein Leben' wurde durch Arthur Lydiards zweites Buch aus dem Jahre 1965 inspiriert und trägt seinen Namen (*Run For Your Life*).

Die Volksläufe sind, wie der finanziell geförderte 12 km lange 'Lauf um die Bucht' in Auckland, an dem 1982 ca. 80 000 Menschen teilnahmen, eine direkte Folge der Bemühungen Arthur Lydiards. Die Jogging-Bewegung wurde zu einer kommerziellen Goldgrube für die Hersteller von Laufschuhen, Laufbekleidung und anderen Laufaccessoires, und es wurde für sie lebenswichtig, die Massen zu organisieren, um das Interesse der Öffentlichkeit für das Laufen und seine Unterstützung wachzuhalten.

Die Gründe dafür, daß das Jogging während der vergangenen zwei Jahrzehnte lebendig geblieben ist und sich ständig mehr verbreitet hat, während andere Modeerscheinungen kommen und gehen, sind nicht zahlreich, halten jedoch Gegenargumenten stand. Selbst Kritiker mußten akzeptieren, daß die Menschen durch Jogging gesünder und in der Regel glücklicher werden; Jogging ist eine der billigsten und am bequemsten durchzuführenden Erholungsmaßnahmen — ein gutes Paar Schuhe und jeder beliebige alte, bequeme und leichte Trainingsanzug reichen aus; man kann alleine oder in Gesellschaft laufen, morgens, mittags oder abends, ungeachtet des Wetters oder des Ortes, an dem man sich gerade aufhält.

Arthur Lydiard wurde quasi über Nacht zu einem der erfolgreichsten Trainer, als er Peter Snell, Murray Halberg und Barry Magee zu olympischen Medaillen für Neuseeland während der Olympischen Spiele in Rom, 1960, führte. In den Jahren nach Rom beherrschte er mit diesen und einer Handvoll weiterer Läufer den Mittel- und Langstreckenlauf auf der ganzen Welt und wurde zu einem Globetrotter in Sachen Jogging. Niemand in der Geschichte der Menschheit hat mehr Schüler gewonnen als er, ohne sie aktiv zu suchen oder Gewalt anzuwenden. Er ist der Vertraute und Ratgeber von Physiologen, Trainern und Sportmedizin-Experten in vielen Ländern und vermutlich der bedeutendste Einzelfaktor in der Fitneß-Revolution, die in den vergangenen Jahren die meisten westlichen Länder und große Teile der übrigen Welt überrollt hat.

Im Grunde joggen Männer, Frauen und Kinder nur deswegen, weil Arthur Lydiard dem Laufen einen neuen Sinn verlieh: Im Gegensatz zu der Zeit vor 1960, wo nur einige nimmermüde ehemalige Leistungssportler liefen, wird das Laufen heute aus Vergnügen, zur Entspannung und wegen eines glücklicheren und sinnvolleren Lebens betrieben.

Golfer, Schwimmer, Fußball-, Squash- und Tennisspieler — besonders diejenigen, die in ihrer Sportart Spitzenkönner sind — haben das Laufen als ergänzende Maßnahme in ihre Trainingsprogramme einbezogen. Ein sehr hoher Prozentsatz der Leistungssportler auf der ganzen Welt trainiert mittlerweile nach dem von Arthur Lydiard entwickelten System.

Nicht alle Jogger sind sich bewußt, daß das, was sie tun, auf Arthur Lydiards Vorstellungen zurückgeht; dennoch handeln sie in seinem Sinne, auch wenn seine Botschaft ihnen nur auf indirektem Wege übermittelt wurde. Durch die Art und Weise, wie er Snell, Halberg und Magee trainierte, revolutionierte er die Welt des leistungsmäßig betriebenen Laufens. Er bewirkte ein Abweichen von traditionellen Methoden und Vorstellungen überall dort, wo Läufer laufen, Trainer trainieren und alle zusammen nach besseren Leistungen streben.

Durch seine Propagierung der sanften Art des Laufens hat Arthur Lydiard gleichzeitig gezeigt, wie man alt wird, ohne wirklich alt zu werden. Noch vor weniger als zwei Jahrzehnten wurden über 50jährige Teilnehmer an einem Laufwettbewerb für ein wenig verrückt gehalten; heute stellen in vielen Langstreckenwettbewerben, vor allem in Marathonrennen, die Alterssportler die Mehrheit dar. Senioren-Leichtathletikwettbewerbe auf allen Ebenen bis hinauf zur internationalen Ebene sind alltäglich geworden. Frühmorgens und abends werden die Straßen in Tausenden von Städten von Menschen bevölkert, die laufen, weil es ihr Wohlbefinden steigert, weil ihnen das Laufen hilft, andere Freizeitaktivitäten mehr zu genießen, effektiver zu arbeiten und ganz allgemein die positiven Seiten des Lebens bewußter zu erleben. Manager und Arbeiter, Studenten und Geschäftsleute, Hausfrauen und Sekretärinnen, Karrierefrauen und Mütter, sie alle laufen, um ihr Leben zu bereichern.

Dieses Buch ist eine Darstellung von Arthur Lydiards Philosophie, so wie sie vor mehr als 20 Jahren entwickelt wurde. Es sollte Ihnen eine Anleitung sein, die Ihnen sagt, warum Sie laufen sollten, wenn Sie nicht bereits laufen; oder wie Sie besser laufen könnten, wenn Sie schon laufen; wie man die Degenerationsprozesse aufhält, die nicht notwendigerweise im Alter auftreten müssen. Die Botschaft hat sich nicht verändert. Die einzigen Veränderungen, die stattgefunden haben, sind die blitzschnelle Verbreitung und die Akzeptanz des Joggings als eine internationale Kultbewegung.

Im Vorwort zu Arthur Lydiards Buch *Run For Your Life* schrieb der Präsident der Neuseeländischen Gesellschaft für Sportmedizin, Dr. Norrie Jefferson:»Daß die Theorien hinter diesen sehr praktischen Experimenten (im Laufen) durch die medizinische Forschung bestätigt wurden und werden, spricht für die Weitsicht und die Hartnäckigkeit von Arthur Lydiard ... Ich bin überzeugt, daß das Jogging-Programm — selbst wenn es nichts anderes bewirkt, als unsere Widerstandskraft Krankheiten gegenüber zu stärken — zum Erreichen eines sehr sinnvollen Ziels in der Präventiv- und Sozialmedizin beiträgt.«

Die Bestätigungen und die Beweise durch die Experten haben seitdem nicht nachgelassen; aber der vielleicht beste Beweis für die Richtigkeit von Arthur Lydiards Thesen wurde von den Millionen Menschen erbracht, die sich regelmäßig ihre Laufschuhe anziehen und sich auf Straßen, Strände, Parkwiesen und Waldwege begeben, um ihrer Gesundheit durch einen leichten Lauf etwas Gutes zu tun.

Garth Gilmour

1. Wie Ihr Herz arbeitet

Jogging ist eine Angelegenheit des Herzens. So wie in Ihrem ganzen Leben spielt Ihr Herz auch beim Jogging die wichtigste Rolle. Alle anderen positiven Auswirkungen des Joggings sind dem Training und der Entwicklung des Herzens untergeordnet. Ein gut trainiertes Herz schlägt gleichmäßig, kräftig und leicht und versorgt Ihren Organismus mit gesundem, sauerstoffreichem Blut.

Lassen Sie uns einen Blick darauf werfen, wie das Herz arbeitet, denn Sie müssen über seine Aufgaben informiert sein und verstehen, inwiefern es versagen kann, bevor Sie damit beginnen, etwas für Ihr Herz zu tun.

Die dem vom Herz gesteuerten Blutkreislauf zugrundeliegenden Prinzipien sind fast lächerlich einfach. Es ist alles nicht schwieriger als die Funktion eines Warmwasserversorgungssystems, und das Herz unterscheidet sich nicht von all den anderen Muskeln in unserem Körper, derer wir uns weitaus bewußter sind und denen wir normalerweise viel mehr Aufmerksamkeit schenken. Viele Menschen sind eifrig bemüht, ihren Bizeps auszubilden, während ihr Herzmuskel atrophiert.

Wie bei allen einfachen Dingen, brauchten die Menschen lange, um ihr Herz kennenzulernen. Philosophen und Wissenschaftler diskutierten in den ersten 1600 Jahren des nachchristlichen Zeitalters über das Herz und seine Bedeutung für den Körper. Viele waren erstaunlicherweise der Meinung, daß nicht das Herz, sondern die Leber das Hauptorgan innerhalb des Blutkreislaufs sei und daß das Herz nur der Versorgung des Körpers mit Luft diene, die es von der Lunge erhalte. Man glaubte, daß das Blut in den Arterien und Venen hin und her schwappe. Ein Wissenschaftler, der diese Theorie anzweifelte, wurde im Mittelalter auf dem Scheiterhaufen verbrannt.

Um 1600 verkündete der Engländer William Harvey endlich eine neue Wahrheit: Das Herz sei in Wirklichkeit eine Pumpe, welche das Blut über die Arterien im Gewebe verteile, von wo es über die Venen zum Herzen zurückkäme, von dort in die Lungen gepumpt würde, um mit Sauerstoff angereichert zu werden, und schließlich wieder ins Gewebe zurück gepumpt würde. Das Blut würde nicht — so Harvey — hin und her schwappen, und er war der erste, der so etwas sagte und Gehör fand. Seine Erforschung der Herzfunktion ist eine Meisterleistung menschlichen Intellekts. Er erklärte, daß das Blut im Körpergewebe durch Kanäle fließe, die so klein seien, daß das menschliche Auge sie nicht wahrnehmen könne, und daß diese Kanäle eine direkte Verbindung zwischen den Arterien und Venen darstellten. Harvey kam zu dieser Schlußfolgerung allein durch logisches Denken, und er starb vier Jahre vor der Erfindung des Mikroskops, mit dessen Hilfe die Existenz der von ihm vermuteten Kanäle (jetzt Kapillaren genannt) bewiesen wurde. Es stellte sich auch heraus, daß sie genau die Funktion haben, die Harvey ihnen zugewiesen hatte.

Das Gewebe braucht Sauerstoff, um die energieliefernden chemischen Reaktionen in Gang zu setzen, genauso wie das Feuer auf Sauerstoff angewiesen ist, um zu brennen und Wärme zu erzeugen. Die wichtigste Funktion des Blutes besteht darin, den Sauerstoff zum Gewebe zu transportieren. Der Sauerstoff wird zunächst aus der Umgebungsluft in die Lungen aufgenommen. Das mit Sauerstoff angereicherte rotgefärbte Blut gelangt zum Herz, welches es ins Gewebe pumpt, wo es den Sauerstoff abgibt. Das vom Sauerstoff entleerte blaugefärbte Blut fließt dann zurück zum Herz, um von dort in die Lunge gepumpt zu werden, wo es erneut mit Sauerstoff angereichert wird.

Das Herz befördert und erhält also gleichzeitig zwei verschiedene Blutarten: mit Sauerstoff angereichertes Blut aus der Lunge und sauerstoffentleertes Blut aus dem Gewebe. Um diese beiden Blutarten voneinander zu trennen, ist die Herzkammer durch eine muskulöse Scheidewand (Septum) zweigeteilt. Eine teilweise zerstörte Scheidewand, die eine Mischung der beiden Blutarten ermöglicht, gehört zu den beim Menschen möglichen angeborenen Herzfehlern — es handelt sich um das bekannte 'Loch im Herz'.

Die linke und die rechte durch das Septum voneinander getrennten Kammern sind ihrerseits ebenfalls zweigeteilt — in den Vorhof, der eine dünne Wand besitzt, nur geringe Pumpaktionen ausführt und hauptsächlich als Reservoir dient, und die Kammer (Ventrikel), die eine dicke muskuläre Wand besitzt und die Hauptpumpleistung erbringt.

Die Venen, durch die Blut aus dem Gewebe zum Herz zurückfließt, werden Venae Cavae genannt und münden in den rechten Vorhof. Die Venen, durch die das Blut von der Lunge zum Herz fließt, werden Pulmonarvenen genannt und münden in den linken Vorhof. Vom rechten Vorhof gelangt das Blut in die rechte Kammer, die es durch die Pulmonararterien in die Lunge pumpt. Das Blut des linken Vorhofs wird in die linke Kammer gepumpt und gelangt von dort durch eine große Arterie, die Aorta, ins Gewebe.

Die Effektivität jeder Pumpe hängt von Ventilen ab, die es der gepumpten Flüssigkeit ermöglichen, in die gewünschte Richtung zu fließen. Wenn die Ventile nicht dicht schließen, muß die Pumpe Mehrarbeit leisten, um das Leck zu kompensieren. Das Herz, als übergeordnetes Organ, hat vier Ventile. Die ersten zwei befinden sich in der Öffnung zwischen den Vorhöfen und den Kammern und ermöglichen dem Blut, aus den Vorhöfen in die Kammern zu fließen. Wenn die Kammern kontrahieren, schließen sich diese Ventile, und ein Rückfluß des Blutes in die Vorhöfe ist unmöglich. Bei Entspannung der Kammern öffnen sich die Ventile wieder und lassen das Blut aus den Vorhöfen in die Kammern fließen. Der Ausfluß aus den Kammern wird durch die Ventile am Ausgang zur Aorta und zu den Pulmonararterien reguliert. Diese Ventile verhindern das Zurückfließen des Blutes in die Kammern, wenn diese sich entspannen, um neu gefüllt zu werden. Rheumatisches Fieber und einige andere Krankheiten können die Herzventile so schädigen, daß Lecks auftreten.

Wie jede gute Pumpe, kann das Herz seine Ausstoßmenge variieren. In Ruhe schlägt es zwischen 65 und 80 mal pro Minute und befördert in dieser Zeit ca. vier Liter Blut. Diese Menge (das sogenannte Herzminutenvolumen) läßt sich durch Training bis auf das 6- bis 10fache vergrößern.

Die Kontraktionsphase des Herzens, d. h. die Blutausstoßphase, nennt man Systole; die Entspannungsphase — Ausflußventile geschlossen, Einflußventile geöffnet — wird Diastole genannt. Während der Diastole füllt sich das Herz passiv wie ein Reservoir; der Herzmuskel ist erschlafft und durchläuft chemische Veränderungen, durch welche sich die Energiereserven, die in der vorangegangenen Systole verbraucht wurden, wieder erneuern. Wenn die Herzfrequenz steigt, verkürzt sich die Diastolendauer, und der Prozeß der Erneuerung der Energiereserven kann beeinträchtigt werden.

Ein gesundes Herz kann wie ein gutes Auto ohne Schaden 'weit und schnell gefahren werden', aber es braucht Ruhe- und Erholungspausen. Im Verlauf des Alterungsprozesses nimmt dieses Bedürfnis nach Ruhe und Erholung in der Regel zu, aber nicht in dem Maße, wie die meisten sich vorstellen. Wie bei einem guten Auto hält ständige Wartung und ein vernünftiger Umgang die Herzfunktion aufrecht.

Eine Herzvergrößerung wird heute als eine normale physiologische Reaktion auf körperliches Training interpretiert und akzeptiert, und es gibt keine Beweise dafür, daß ein hartes Ausdauertraining einem gesunden Herzen schaden kann. Im Gegenteil, ein dosiertes Ausdauertraining ist mittlerweile in vielen Fällen eine wichtige therapeutische Maßnahme bei Herzkranzgefäßverschlüssen geworden, worauf wir später noch genauer eingehen werden.

Es ist auch gezeigt worden, daß der Trainierte bei gleicher Herzfrequenz mehr leisten kann als der Untrainierte. Dieses Prinzip liegt dem Lydiard-System des marathonartigen Ausdauertrainings für Leistungssportler genauso zugrunde wie dem kontrollierten, vernünftigen Jogging.

Bei Normalpersonen steigt das Herzminutenvolumen — die in 60 Sek. gepumpte Blutmenge — bei Belastung von 4 auf 20 Liter an. Beim Guttrainierten kann diese Blutmenge auf 40 Liter steigen. Der Anstieg hängt ab vom Schlagvolumen — die bei jedem Herzschlag gepumpte Blutmenge — und vom Puls bzw. der Schlagfrequenz. Das Schlagvolumen steigt mit der Pulsfrequenz an, und die Grenze ist erreicht, wenn die Pulsfrequenz so hoch wird, daß dem Herz keine Zeit mehr zur ausreichenden Füllung bleibt. In diesem Fall nimmt das Schlagvolumen ab. Der Trainierte nähert sich dieser Grenze sehr viel langsamer als der Untrainierte.

Eine Zunahme des Blutdrucks und eine bessere diastolische Füllung tragen zur Vergrößerung des Schlagvolumens bei. Für eine gegebene Belastung nimmt die Herzfrequenz mit verbessertem Trainingszustand ab. Diese Veränderungen bedeuten, daß die Herz-Kreislauf-Belastung zurückgeht und sind ein Zeichen der Anpassung an die körperlichen Anforderungen.

Frauen reagieren auf hartes Training genauso wie Männer; sie können jedoch durch die Menstruation behindert werden.

Der Puls, den Läufer und Jogger, die ihre normale Pulsfrequenz vor Trainingsbeginn kennen, als ein einfaches Meßinstrument ihres Fitneßzustandes benutzen können, ist leicht zu erklären. Bei jedem Herzschlag wird Blut in die Arterien gepumpt; die Gefäßwand direkt neben dem Herz-Ausflußventil dehnt sich, um die zusätzliche Blutmenge aufzunehmen, und diese Gefäßerweiterung setzt sich über das gesamte Gefäßsystem fort. Der Vorgang ist vergleichbar mit dem Sich-Fortpflanzen der Wellen, die von einem ins Wasser geworfenen Stein erzeugt werden. Ihr Puls ist nichts weiter als diese für sie fühlbare Dehnungswelle.

14

2. Herzgeräusche und Fehlfunktionen

Wie bereits gesagt, schwankt die Ruhepulsfrequenz zwischen 65 und 80 Schlägen pro Minute. Sie wird jedoch von vielen Faktoren beeinflußt, vor allem durch Training, Nervosität, Temperatur, Aufregung und Fieber. Ob normal oder schnell, der Rhythmus der Schläge ist einigermaßen gleichmäßig. Bei Unregelmäßigkeiten handelt es sich meist um zusätzliche Schläge, sog. Extrasystolen. Man hat dann das Gefühl, als würde das Herz klopfen, Schläge auslassen, oder sogar für einen kurzen Zeitraum ganz zu schlagen aufhören. All diese Gefühle können bei Menschen den Eindruck erwecken, sie hätten einen Herzschaden. Noch vor 50 Jahren hätten viele Ärzte dieser Laienauffassung zugestimmt und hätten viele Menschen — ohne Rechtfertigung — zu einem Herzinvalidendasein verurteilt.

Der große englische Arzt James McKenzie war der erste, der herausfand und lehrte, daß diese Rhythmusstörungen nichts mit Herzkrankheiten zu tun haben. McKenzie leitete in der Tat eine neue große Ära der Kardiologie ein, indem er hart kämpfte, um Ärzten und Patienten gleichermaßen klarzumachen, daß Herzkrankheiten allzu leicht mit Symptomen verwechselt werden, die auf Nervosität und Erschöpfung zurückzuführen sind, und daß Herzpatienten im allgemeinen eine allzu erhebliche Einschränkung ihrer körperlichen Aktivität empfohlen wird.

Normalerweise dehnen sich die Arterienwände jedesmal aus und ziehen sich wieder zusammen, wenn das Herz Blut in sie hinein pumpt. Mit zunehmendem Alter nimmt die Gefäßelastizität ab; die Gefäßwände werden härter, was vor allem durch den Ersatz des elastischen Gewebes durch eine weniger nachgiebige Substanz verursacht wird. Das geschieht mit allen von uns früher oder später, aber da die Durchblutung durch diesen Vorgang nicht behindert wird, bereitet er uns kein Kopfzerbrechen. Dieser Vorgang ist von der Arteriosklerose, einer gefährlichen Gefäßkrankheit abzugrenzen. Hierbei handelt es sich um eine Erkrankung der Gefäßwände, bei der sich fibröse Fettablagerungen (besonders Cholesterol) an den Gefäßinnenwänden bilden. Diese Ablagerungen führen zu einer Verengung der Gefäße und können sogar zu einem völligen Gefäßverschluß führen, denn an ihren rauhen Oberflächen können sich Blutklumpen bilden, die den Blutdurchfluß zusätzlich behindern.

Werfen wir einen kurzen Blick auf das Cholesterol. Cholesterol hat innerhalb des Vokabulars des neuen Fitneßkultes keinen hohen Stellenwert, aber Cholesterol existiert durchaus nicht nur, um zu töten.

Der Zusammenhang zwischen Blutfetten bzw. Plasmalipiden und Atheromen bzw. Koronarerkrankungen ist genauestens erforscht worden, und das Wissen über die menschlichen Lebensbedingungen wurde hierdurch beträchtlich erweitert.

Es gibt vier Arten von Fetten im Plasma: gesättigte oder ungesättigte Fettsäuren; Triglyceride, die 95 % der Lipide des Fettgewebes ausmachen; Phospholide, d. h. komplexe Lipide, die Phosphat und eine nitrogene Base enthalten; und Cholesterol, welches in einer dichten und einer weniger dichten Form auftritt und sowohl Ihrem Darm entstammen als auch durch Synthese in Ihrem Körper gebildet werden kann.

Die Absorption durch den Darm verhält sich grob proportional zur Einnahme über die Nahrung. In Wohlstandsgesellschaften sind das ca. 600 bis 800 mg pro Tag, vor allem aus Fleisch, Milchprodukten und besonders aus Eigelb. Ein Ei enthält ungefähr 250 mg Cholesterol. Alles in allem läßt sich Cholesterol in der Nahrung wohl kaum ganz vermeiden, und bis zu einem gewissen Grad wird auch eine hohe Cholesteroleinnahme durch eine reduzierte Synthese kompensiert.

Die Art des Fettes in Ihrer Nahrung bestimmt Ihre Cholesterolkonzentration. Gesättigte Fettsäuren, die sich vor allem im tierischen Fett (und dazu gehört auch Cholesterol) finden, führen zu einer Steigerung der Plasmakonzentration; ungesättigte Fettsäuren, wie z. B. in Gemüseölen, führen zu einer Abnahme der Plasmakonzentration.

Dennoch, Cholesterol existiert auf allen Altersstufen und in sämtlichen sozialen Schichten. Es findet sich in höchsten Konzentrationen bei Mitgliedern der sog. Wohlstandsgesellschaft und dort wiederum besonders konzentriert bei Menschen im 5. und 6. Lebensjahrzehnt.

Arteriosklerose ist in den meisten Ländern verbreitet. Sie befällt hauptsächlich die Herzkranzgefäße, das Gehirn und die unteren Extremitäten, aber ihr Vorhandensein in einer Arterie bedeutet nicht, daß sie in allen Arterien vorliegen muß. Ihr Vorkommen ist sehr sporadisch und unvorhersagbar; es ist durchaus möglich und oft auch der Fall, daß Arteriosklerose zwar in einem kleinen Blutgefäß vorliegt, anderswo jedoch so gut wie nicht vorhanden ist.

Es ist auch wichtig, stets im Gedächtnis zu behalten, daß die Arteriosklerose sehr langsam bzw. überhaupt nicht fortschreiten kann. Es gibt Menschen, die nach ihrem Auftreten noch 10, 15 oder mehr Jahre ein aktives Leben führen. Die gefährlichsten Stellen, an denen die Arteriosklerose auftreten kann, sind die Herzkranzgefäße. Sie versorgen das Herz mit Blut, und die Arteriosklerose an diesem Ort ist die wichtigste Einzelursache für chronische Krankheitsfälle in den USA, Kanada, Neuseeland, Australien und einigen anderen Ländern. Man kann jedoch viel tun, um das Auftreten der Arteriosklerose in den Herzkranzgefäßen zu vermeiden.

Die Herzkranzgefäße umgeben das Herz wie eine Krone, und ihre feinen Äste verbinden sich zu einem komplizierten Blutversorgungssystem. Wenn ein oder zwei Äste durch Arteriosklerose verengt sind, sprechen Ärzte kurz von einer Koronarsklerose. Wenn ein Gefäßast vollständig blockiert ist, handelt es sich um einen Herzkranzgefäßverschluß. Normalerweise wird dieser endgültige Verschluß durch einen Blutpfropfen verursacht, der sich an der verengten Gefäßwand bildet. Dieses Phänomen wird Koronarthrombose genannt. Herzkranzgefäßverschluß und Koronarthrombose bedeuten das gleiche.

Eine plötzliche und komplette Unterbrechung des Blutflusses in einem Zweig der Herzkranzgefäße führt oft zu einer Schwächung des Herzbereichs, der von dem betreffenden Gefäß versorgt wird. Die verletzte Stelle nennt man einen Myokardinfarktherd. Im allgemeinen handelt es sich um eine kleine Stelle, und der größte Teil des Herzmuskels bleibt weiterhin funktionstüchtig.

Manchmal kommt es auch zur Schädigung eines größeren Bereichs, aber die Natur sorgt, wie auch in anderen Gewebebereichen des Körpers, für die Ausheilung dieser Stellen. Es bildet sich eine feste fibröse Narbe, die der Narbe, mit der eine Hautwunde heilt, gleicht. In der Regel bereitet diese Narbe keine Probleme. Viele Menschen haben derartige Narben, ohne etwas davon zu wissen. Die Narbe beeinträchtigt normalerweise auch nicht die Funktion des restlichen Herzmuskels.

Einige Patienten, bei denen die Blutversorgung des Koronarbereichs behindert ist, klagen über charakteristische Brustschmerzen, wenn sie sich über ein bestimmtes Maß hinaus belasten. Dieser Schmerz läßt sehr bald nach, wenn sie sich ausruhen. Man nennt diesen Zustand Angina pectoris, und es ist wichtig, daß man diesen kurzfristigen Schmerz abgrenzt von den viel länger währenden Schmerzen bei einem Verschluß der Herzkranzgefäße. Angina pectoris-Attacken führen nicht zur Schädigung des Herzens. Uninformierte Patienten glauben, alle durch Belastung hervorgerufenen Schmerzen seien ein Anzeichen einer neuen Attacke.

Das ist völlig falsch. Sir Thomas Lewis, einer der führenden Wissenschaftler auf dem Gebiet der Kardiologie, litt 20 Jahre lang an Angina pectoris, und er ist nur einer derjenigen, die trotz der Herzkrankheit ein langes, ausgefülltes Leben führten.

Die den Herzkrankheiten zugrundeliegende Ursache ist bislang unbekannt. Es gibt jedoch viele Hinweise, und überraschenderweise ermutigt die Tatsache, daß die Häufigkeit der Krankheit gerade in einem Land wie dem unseren in den vergangenen 50 Jahren stark zugenommen hat, die

Ärzte in dem Glauben, daß sie die Ursachen und damit auch Präventivmaßnahmen zu guter Letzt finden.

Vor einem halben Jahrhundert sahen die Ärzte Herzkrankheiten als Teil des normalen Alterungsprozesses an, denen man machtlos gegenüberstand. Als es offensichtlich wurde, daß die Krankheit in bestimmten Ländern häufiger als in anderen auftrat, argumentierten sie, daß das hauptsächlich an den besseren Diagnosemethoden in diesen Ländern liege, vor allem am Vorhandensein des Elektrokardiogramms. Ein anderes Argument war, daß das Leben in diesen Ländern durch die Elimination so gefährlicher Krankheiten wie Diphterie, Typhus, Tuberkulose und durch die Vermeidung von Komplikationen bei Unfällen, Geburten und Operationen sowie durch verbesserte Ernährungs- und Lebensbedingungen verlängert worden sei. All das hätte den Menschen ermöglicht, in Altersbereiche vorzustoßen, in denen mit dem Auftreten von Herzkrankheiten zu rechnen sei. Das könne als Erklärung für die Zunahme von Herzkrankheiten dienen.

Ein Faktor, der die Lebensumstände großer Teile der Weltbevölkerung nachgewiesenermaßen erheblich beeinflußt, ist der Krieg. Deutsche Ärzte stellten fest, daß Kreislauferkrankungen nach dem 1. Weltkrieg und in den folgenden Jahren der Nahrungsknappheit weniger häufig auftraten. Nach dem 2. Weltkrieg stellten norwegische Ärzte fest, daß die Koronarerkrankungen zunahmen, und sie stellten eine Verbindung her zwischen dem Anstieg der Krankheitsziffer vor dem Krieg und der Abnahme nach dem Krieg, um die übermäßige Nahrungsaufnahme und den Bewegungsmangel — Bedingungen, die der Krieg und die Besatzungsjahre ins Gegenteil verkehrten — anzuprangern.

Es könnte sehr wohl sein, daß derartige Erkenntnisse zu einer Lösung der Frage führen könnten, welche Rolle unsere Lebensweise beim Auftreten von Herz-Kreislauf-Krankheiten spielt.

Aber wir brauchen nicht auf Wunder zu warten. Wir können selbst bereits eine ganze Menge tun. Wir können z. B. unsere Köpfe von einigen laienhaften Fehlauffassungen und Irrtümern, die den Gebrauch und die Pflege unseres Körpers betreffend, befreien, und wir können unsere Laufschuhe anziehen, worüber Sie später noch mehr hören werden.

Der Glaube, daß eine Herzkrankheit das Ende eines nützlichen, aktiven Lebens bedeutet, ist selbst heute noch weit verbreitet — er ist jedoch falsch. Die meisten Herzkranzgefäßverschlüsse betreffen nur kleine Äste innerhalb des Herzkranzgefäßsystems, und das blockierte Gefäß kann durch Nebengefäße ersetzt werden. Die Nebengefäße können die Funktion des blockierten Gefäßes sogar so effektiv übernehmen, daß der Patient keine Behinderung (allenfalls bei extremen Belastungen) verspürt.

Darf sich der herzkranke Patient überhaupt nicht belasten? Die Antwort ist nein. Nur in der akuten Phase einer Attacke wird der Heilungsprozeß gefördert, wenn der Patient ruht. Ist die Heilung jedoch abgeschlossen, ist eine fortgesetzte Ruhe selten nützlich; sie vergrößert voraussichtlich nur den Grad der Behinderung, indem sich die Auswirkungen der mangelnden körperlichen Fitneß und ein mangelndes Selbstvertrauen hinzugesellen.

Sind körperliche Belastungen nach Herzattacken schädlich? Dies ist nur eine Variation der Frage, ob Ruhe notwendig ist; Ruhe ist in der Regel genau das Verkehrte. Das Herz hat enorme Kraftreserven, die im normalen Leben kaum gebraucht werden, die jedoch den Menschen das Erbringen gewaltiger Leistungen ermöglichen, oder dazu beitragen, daß man eine Meile unter vier Minuten und einen Marathonlauf unter 2:15 Stunden läuft.

Diese Kraftreserven sind auch nach vielen Herzattacken noch nicht erschöpft, sondern sie stehen nach wie vor zur Verfügung. Es werden jedoch Überlastungssymptome auftreten — eine besondere Art von Brustschmerzen und Kurzatmigkeit —, die darauf hindeuten, daß es Zeit ist, langsamer zu werden. Ähnliche Symptome können jedoch auch durch mangelnde körperliche Fitneß und Ängstlichkeit hervorgerufen werden. Das Unvermögen, zwischen diesen beiden Ursachen der genannten Symptome zu differenzieren, veranlaßt viele Patienten, sich über Gebühr zu schonen.

3. Eine Begegnung mit Ihren Gegnern

Nachdem Sie nun Ihrem besten Freund, dem Herz, vorgestellt wurden, sollten Sie jetzt einige Ihrer größten Gegner kennenlernen: Übergewicht, Bewegungsmangel, Cholesterol, Atherome und Streß.

Übergewicht und Bewegungsmangel bedürfen keiner näheren Beschreibung, sondern nur einiger realistischer Gedanken. Es handelt sich um zwei Bedingungen, in die Menschen durch Sorglosigkeit hineingeraten, indem sie sich mehr Kalorien, als sie energetisch verarbeiten können, zuführen, indem sie zuviel Fett essen und indem sie ganz einfach schlechte Ernährungsgewohnheiten von ihren Eltern übernehmen.

Sowohl Atherome als auch Cholesterol können Ihnen einen frühen Tod bescheren. Atherome sind degenerative Veränderungen der inneren und mittleren Gefäßwände. Es handelt sich um einen Zustand der Verdickung und Verhärtung, der im Alter automatisch auftritt, der jedoch durch eine unvernünftige Lebensweise auch verfrüht eintreten kann.

Atherome führen zur teilweisen Blockierung der Arterien und zur Unterbindung der Blutversorgung, zur Klumpenbildung, Koronarthrombose oder Apoplexie. Als nächstes können sich Kalkschichten in den Arterien bilden, oder die Arterien degenerieren zu zerbrechlichen verkalkten Rohren, die bei der kleinsten Verletzung reißen können.

Cholesterol ist eine aus dem Körpergewebe stammende Substanz; sie entspringt dem Fett, Blut, Tumoren und Ausscheidungen wie z. B. der Galle. In den vergangenen Jahren haben sich die Beweise dafür erhärtet, daß zwischen einem hohen Blutcholesterolspiegel und Herzerkrankungen ein enger Zusammenhang besteht.

Es handelt sich hierbei um zwei Degenerationserscheinungen des modernen Lebens — der Streß stellt einen wichtigen und oft nicht genügend ernst genommenen dritten Faktor dar. Sie können ein guter Läufer sein und sich richtig ernähren und trotzdem unter Streß leiden und eine Herzattacke bekommen. Unter Streß nehmen der Blutzuckergehalt und die Cholesterolkonzentration im Blut zu, was zu Bluthochdruck führt.

Daß die modernen Lebensbedingungen zu Schäden des kardiorespiratorischen Systems führen können, wurde mir vor vielen Jahren auf einer Gesundheitskonferenz klargemacht, die von der Abteilung für Industriemedizin der Australian Medical Association organisiert wurde. Dort wurde die grundlegende Botschaft verkündet, daß allen Managern, die nichts für ihre Gesundheit tun, Herzkrankheiten drohen.

Ein Redner, Alan J. Goble, Kardiologe am Royal Melbourne Hospital, sagte:»Länder, die stolz auf ihren hohen Lebensstandard sind, wie

z. B. die USA, Kanada, Großbritannien, Australien und Neuseeland, weisen die höchsten Herzkrankheitsraten auf. Die geringsten Raten finden sich in Afrika und anderen unterentwickelten Ländern. Bei weißen Südafrikanern finden sich mit die höchsten Herzkrankheitsraten der Welt, während bei den eingeborenen Bantu Herzkrankheiten so gut wie unbekannt sind.«

»Wiederholt durchgeführte Untersuchungen in Großbritannien bestätigen, daß das Auftreten von Koronarerkrankungen in den oberen sozialen und Beschäftigungsschichten fast doppelt so häufig ist wie in den unteren und hart arbeitenden Bevölkerungsschichten.«

»Menschen, die über eine Kombination von Übergewicht, hohem Cholesterolspiegel und Bluthochdruck verfügen, entwickeln nahezu mit Sicherheit eine Koronarerkrankung, wenn sie nicht bereits vorher einem Herzschlag erliegen. Die Daten der Lebensversicherungen sind eindeutig. Es macht sich bezahlt, schlank zu sein.«

»Eine Nahrung mit hohem Fettgehalt ist, soweit festgestellt, die wichtigste Ursache von Herzkranzgefäßerkrankungen, Behinderungen und Todesfällen in unserer (australischen) Gesellschaft.«

»Der durchschnittliche Australier im mittleren Lebensalter ist ein korpulentes, schlaffes Individuum, das wahrscheinlich gerne Bier trinkt und dessen einzige Aktivität darin besteht, an Samstagnachmittagen laute Unflätigkeiten von sich zu geben.«

»Eine mit dem bloßen Auge durchgeführte Untersuchung der Herzen von im Koreakrieg gefallenen amerikanischen Soldaten ergab, daß zwei Drittel an Erkrankungen der Herzkranzgefäße und ein Drittel an gefäßblockierenden Atheromen litten. Das Durchschnittsalter der Männer war lediglich 22 Jahre.«

»Atherome sind keine Folge des Alterungsprozesses, sondern eine Krankheit, die in einem engen Zusammenhang mit dem hohen Lebensstandard in fortgeschrittenen technisierten Gesellschaften steht. Atherome sind die wichtigste strukturelle Anomalie im Leben der meisten Menschen.«

»Im klassischen Griechenland wurde von einem Mann erwartet, daß er noch im Alter von 60 Jahren fit für den Militärdienst war. Agesilaus, König von Sparta, war noch mit 80 nicht nur Feldherr, sondern kämpfte auch noch aktiv auf dem Schlachtfeld.«

Dr. D. R. Wilson, Chefarzt der Vacuum Oil Cooperation, sagte:»Ich habe herausgefunden, daß von 100 Menschen über 40, die während der vergangenen fünf Jahre keiner umfassenden medizinischen Untersuchung unterzogen wurden, mindestens 20 Personen, ohne es zu wissen, in einer medizinisch kritischen Situation leben.«

»Diese Situation könnte jederzeit die Gesundheit und Leistungsfähigkeit dieser Personen beeinträchtigen, sie wird jedoch mit Sicherheit die Gesundheit in Zukunft gefährden und vielleicht sogar zur Lebensverkürzung beitragen.

Viele Krankheiten, die zu Beginn des 5. Lebensjahrzehnts festgestellt werden, haben sich bereits viel früher entwickelt. Bei Koronarerkrankungen kommt es normalerweise im Alter von 50 Jahren zu einem Infarkt, die Ursachen können jedoch 5, 10 oder 15 Jahre zurückliegen.«

»Ein Mann kann körperlich fit sein, ohne gleichzeitig in einem guten Gesundheitszustand zu sein. Er kann erschöpft, ängstlich, leicht depressiv, abgeschlafft, ohne Schlaf und gelangweilt sein. Gesundheit ist etwas Persönliches, und sie geht Hand in Hand mit einem Gefühl des Wohlbefindens. Wenn ein Mensch nicht gesund ist, wird er unfähig sein, seine Arbeit zu verrichten. Darüber hinaus wird er vielleicht unter leichten Beschwerden nicht körperlichen Ursprungs leiden.«

Dr. Bryan J. Gandevia, Senior-Fellow für industrielle Medizin an der Melbourne University, sagte: »Vernünftiges Training steigert die Leistungsfähigkeit von Herz und Lunge in jedem Alter — eine Runde Golf oder ein Squash- oder Tennis-Match pro Woche sind jedoch kein geeignetes Trainingsprogramm.«

Ein Arzt sagte mir einmal, daß eine Blutuntersuchung bei einem Durchschnittsbürger westlicher Länder einen weitaus höheren Cholesterolspiegel zeigen würde als bei einem Durchschnittsbürger aus Ländern, die im allgemeinen als undemokratisch gelten. Ohne politisch zu werden, dies ist ein triftiges Argument gegen die Demokratie — oder sollte ich besser Selbstgefälligkeit sagen?

Wir leiden so deutlich unter dem Zerfall der Über-Zivilisation, daß sofortige nationale Gesundheitskampagnen dringend notwendig sind. Die DDR hat dies vor vielen Jahren erkannt und schuf das nationale Programm 'Lauf um Dein Leben', mit dem Resultat, daß sich die Mitgliederzahlen in allen Sportvereinen verdoppelten und nahezu jedem Bürger klar wurde, daß sein langfristiges Wohlbefinden in seinen eigenen Händen liegt. Das Programm motivierte insofern zu positiven Handlungen.

Ausgehend von dieser Erkenntnis und auf der Grundlage einer intensiven Beschäftigung mit der Sportmedizin entwickelte sich die DDR bei Olympischen Spielen und internationalen Wettkämpfen zu einer Leichtathletikmacht.

Ist die DDR wirklich soviel besser als wir? Oder haben ihre Bewohner nur ihre Selbstgefälligkeit verloren?

Der Durchschnittsbürger der westlichen Welt verliert gewöhnlich sein Interesse für den Wettkampf und sogar den Breitensport, wenn er das 30.

Lebensjahr erreicht hat und spielt nur noch sporadisch ein wenig Golf, Squash oder Tennis. Er verlagert seinen Ort vom Spielfeld auf die Tribüne, schaut anderen nur noch beim Sporttreiben zu, nimmt jedoch gleichzeitig das Recht der Kritik in Anspruch. »Die da unten sind nicht so gut, wie ich früher einmal war«, wird zu einem seiner beliebtesten Aussprüche.

Was diese Leute übersehen, ist, daß sie schon seit langem nicht mehr so gut sind, wie sie früher einmal waren, und obendrein auch noch ständig schlechter werden. Wenn sie sich nicht aufrappeln und etwas tun, sind sie früher Herzinfarktkandidaten, als sie annehmen.

Glücklicherweise hat die weitverbreitete Akzeptanz des Joggings diese Einstellung im Verlaufe des letzten Jahrzehnts dramatisch verändert, denn der Einfluß, den das Jogging im Altersbereich ausübte und der zu Sportaktivitäten in einem in den 60er und 70er Jahren noch unbekannten Ausmaß führte, hatte einen bemerkenswerten Nachzieheffekt.

Es ist alles ganz einfach: Wir können uns sehr lange unseres Lebens freuen, wenn wir unseren Körper in einer vernünftigen Kondition halten, und dies erreichen wir spielend, wenn wir uns zwar nicht intensiv, dafür aber regelmäßig sportlich belasten. Wenn Sie eine Maschine bedienen, ist es selbstverständlich, daß Sie sie ständig warten müssen, damit sie effektiv arbeitet. Betrachten Sie Ihren Körper ebenfalls als eine Maschine, und hören Sie auf zu erwarten, daß er ohne diese Wartung immer weiter reibungslos funktioniert und Ihnen die Schäden und Nachlässigkeiten, die Sie ihm zumuten, nicht übelnimmt.

Zufälligerweise gibt es eine Form von Fett, die landläufig als braunes Fett bezeichnet wird und die durchaus positiv zu sehen ist. Diese Sorte Fett findet sich gewöhnlich im Rückenbereich und zeichnet sich dadurch aus, daß sie sogar, wenn Sie schlafen, Kalorien verbrennt.

Diese Sorte Fett macht Sie zu einem Menschen mit einem warmen Körper; es hält Ihr Gewicht unten, ohne daß Sie eine Diät durchzuführen brauchen oder andere Notmaßnahmen ergreifen müssen; es versetzt Sie in die Lage, das zu essen, was Sie mögen und soviel Sie wollen, ohne daß Sie sich Sorgen zu machen brauchen, übermäßig zuzunehmen.

Wenn Sie viel braunes Fettgewebe haben, haben Sie Glück gehabt. Wenn Sie keins haben, sind Sie arm dran, denn man kann es nicht kaufen.

4. Der gefährlichste Killer ist Ihr Herz

Dieses Buch beschäftigt sich vorrangig mit den Fakten des Lebens. Und das schließt eine Betrachtung der mit dem Tod zusammenhängenden Fakten mit ein. Zivilisierte Länder scheuen keinen Aufwand — weder finanziell und zeitlich noch im Hinblick auf die Erfindungskraft —, um höchst lobenswerte Kampagnen zur Senkung der Todes- und Unfallrate auf den Straßen und dem Wasser durchzuführen. Man begegnet ständig Warnungen, Ermahnungen und Werbemaßnahmen, die Gefahren des Krebs, besonders Lungenkrebs, betreffend.

Nicht annähernd soviel Aufhebens wird um die Gefahr von Herzkrankheiten gemacht, die auf eine unkluge Lebensweise, eine schlechte Ernährung und Bewegungsmangel zurückzuführen sind. Vielleicht hat die Aufmerksamkeit zugenommen, seit mehr Menschen körperbewußter leben, aber wir sprechen über ein Problem, das noch immer die wichtigste Todesursache ist.

Im Jahre 1961 kamen in Neuseeland von 10 000 Menschen 4,39 bei Verkehrsunfällen ums Leben. An Krebs starben 15,10. Das sind sicherlich Zahlen, die Kampagnen rechtfertigten, aber an Herzkrankheiten starben 31,98. Die Vergleichszahlen betrugen im Jahr 1975 in der genannten Reihenfolge 5,40, 16,45 und 26,81. Die Abstände haben sich verringert, aber die Unverhältnismäßigkeit ist noch immer erschreckend offensichtlich.

Offizielle Zahlen aus Neuseeland belegen, daß im Jahr 1961 die Rate der durch Herzkrankheiten verursachten Todesfälle um 186,5 % höher lag als zwischen 1900 und 1909, und um 37,1 % höher als in dem Jahrzehnt vor dem 2. Weltkrieg. Seit 1968 hat die Zahl der Herztoten allmählich abgenommen — verglichen mit den Zahlen zwischen 1950 und 1952 um 8 % —, aber man kann noch immer sichere Wetten darauf abschließen, daß jeder 4. Neuseeländer an einem Herzinfarkt stirbt.

Bislang gibt es noch keinen Beweis dafür, daß die Tatsache, daß Tausende angefangen haben zu joggen, irgendetwas mit diesem Sinken der Herztodesrate zu tun hat. Es wäre jedoch schön, wenn es so wäre, und vielleicht wird es eines Tages erwiesen sein, daß es so ist.

Bis dahin bleibt es ein erschreckender Gedanke, daß in Neuseeland, welches lange Zeit als eines der beliebtesten Länder der Welt galt, auf einen Verkehrstoten fünf Herzinfarkttote kommen. Neuseeland hat im Verhältnis zur Einwohnerzahl nahezu die meisten Fahrzeuge auf der ganzen Welt; dennoch brauchen die Neuseeländer den Verkehr nicht als Hauptttodesursache zu fürchten. Auch Krebs ist nicht die Haupttodesursache.

In Amerika sieht es nicht besser aus. Im Jahr 1973 starben 351942 Amerikaner an Krebs. Bei Verkehrsunfällen verloren 116297 ihr Leben, an Lungenentzündung und Grippe starben 65599, an Diabetes 38225 und an anderen Krankheiten 342428. An Herz-Kreislauf-Erkrankungen starben 1062160. Ca. 260000 der Herztoten waren unter 65 Jahre alt; die amerikanischen Statistiken zeigen also genauso wie die Statistiken Neuseelands und anderer Länder, daß Herzkrankheiten Menschen immer früher treffen.

Im Jahre 1973 kosteten die Herz-Kreislauf-Erkrankungen die USA ca. 22,7 Milliarden Dollar. Insgesamt litten ca. 28830000 Amerikaner an irgendeiner Form von Herz-Kreislauf-Erkrankung; und jeder sechste litt an Bluthochdruck.

Jedes Jahr sterben ca. 350000 Amerikaner an Herzattacken, bevor sie das Krankenhaus erreichen. Ca. 23 Millionen leiden an Bluthochdruck, aber nur 50 % wissen davon. Auf 100000 Einwohner kommen 481,3 Herz-Kreislauf-Kranke. In Neuseeland kommen auf die gleiche Einwohneranzahl ca. 300 Herz-Kreislauf-Kranke, und wir sind der Meinung, daß dies eine schockierend hohe Zahl ist.

Es gibt nicht wenig unangenehme Fakten, die zeigen, wie unverantwortlich wir mit uns selbst umgehen. 1972 zeigte eine Untersuchung an 21- bis 92jährigen Einwohnern der neuseeländischen Stadt Napier, daß 20 % an Bluthochdruck litten. In der noch kleineren Stadt Milton hatten 31 % der Männer und 50 % der Frauen zwischen 60 und 69 Jahren einen erhöhten Blutdruck.

Obwohl derartige Untersuchungsergebnisse als Warnungen gedacht sind, werden sie häufig ignoriert. Im Rahmen einer anderen in Neuseeland durchgeführten Untersuchung wurde z. B. 121 Personen geraten, ihren Arzt aufzusuchen, aber nur 89 kamen dieser Aufforderung nach. Selbst der routinemäßige und unkomplizierte Vorgang, seinen Blutdruck messen zu lassen, scheint zuviel Mühe zu bereiten.

Es sind bereits viele vergleichende Untersuchungen zu den Auswirkungen der Berufsarbeit auf das Herz durchgeführt worden. Busfahrer wurden mit Schaffnern verglichen, Postschalterbeamte mit Briefträgern, Büroangestellte mit Fabrikarbeitern. Alle Untersuchungen führten zum gleichen Erlebnis: In den körperlich aktiveren Berufsgruppen fanden sich weniger Herzkranke und Herztodesfälle.

Besondere Bedeutung erlangte ein Bericht aus dem Jahre 1977, der im Anschluß an eine 22 Jahre dauernde Studie zum Auftreten tödlicher Herzattacken bei 3686 Hafenarbeitern aus San Francisco erstellt wurde. Die Studie zeigte, daß bei sitzender Tätigkeit das Risiko, eine tödliche Herzattacke zu erleiden, 80 % größer war als bei Tätigkeiten, bei denen die ganze

Zeit gehoben, geschoben und gestapelt wurde. Die aktiv Tätigen verbrauchten pro Tag 1 800 Kalorien mehr, als der Grundverbrauch beträgt.

Als die Untersuchung im Jahr 1951 begann, gehörten ca. 60 % der Hafenarbeiter zur hart arbeitenden Gruppe. Im Jahr 1972 gehörten dieser Gruppe nur noch 5 % an, da in der Zwischenzeit, Gabelstapler, Container, Druckknopf-Kräne, Transporter und andere mechanische Hilfen eingeführt worden waren.

Bei dieser Studie kam man zu dem Ergebnis, daß eine geringe berufsbedingte körperliche Aktivität ein mindestens genauso großes Herzinfarktrisiko in sich birgt wie Rauchen und Bluthochdruck und daß Inaktivität wesentlich riskanter ist als Fettleibigkeit, Diabetes oder eine hohe Cholesterolkonzentration. Während des 22jährigen Untersuchungszeitraums traten in der hart arbeitenden Gruppe 18,2 % tödliche Herzattacken auf.

Was kann man also tun, wenn man sitzend arbeitet? Eine andere Studie ergab, daß Beamte, die jeden Tag mit dem Wagen zum Dienst fahren, mit zweimal größerer Wahrscheinlichkeit eine im EKG nachweisbare Herzkrankheit aufweisen, als Beamte, die täglich 20 Minuten oder länger zu Fuß zum Dienst gehen.

Bis zur Mitte des vergangenen Jahrhunderts glaubte man allgemein, daß körperliche Belastungen zu Herzschäden führen könnten. Diese Annahme ist erstaunlicherweise auch heute noch weit verbreitet.

Die Sportmediziner Ernst und Peter Jokl von der University of Kentucky und den Yale University Medical Schools schrieben 1977, daß sogar noch im Jahre 1901 alle führenden englischen Ärzte sich übereinstimmend gegen Läufe über eine Meile Länge für Schüler der höheren Schulen aussprachen. Von Mädchen war in diesem Zusammenhang überhaupt keine Rede, denn man war der Meinung, daß sie für das Laufen völlig ungeeignet seien. Diese Warnungen wurden nie durch Fakten belegt, aber die breite Masse nahm die Warnungen auf und verhielt sich entsprechend inaktiv. Bis zu einem gewissen Ausmaß tut sie das auch heute noch.

1935 analysierte F. W. Lempriere die einen Zeitraum von 30 Jahren abdeckenden Krankheitsgeschichten von 16 000 Schuljungen. Diese beeindruckende Studie kam zum Erstaunen der Mediziner zu dem Ergebnis, daß eine Überlastung des Herzens durch körperliche Aktivität so gut wie nicht existiert. Lempriere berichtete lediglich von sechs Todesfällen in 20 Jahren; vier davon waren auf Unfälle zurückzuführen, ein Todesfall betraf einen Fußballspieler, der zwei Stunden nach einer Mahlzeit starb, und der andere war ein Junge, der acht Tage nach einer Mandelentzündung Hochsprung betrieben hatte, und sieben Monate später an einer infektiösen Endokarditis starb.

Dieses Untersuchungsergebnis stand in krassem Widerspruch zu der Flut von scheinbar zuverlässigen Artikeln in Schriften zur Gesundheitserziehung in der Schule und zur Leibeserziehung, die vor Schädigungen des Herzens durch körperliche Belastungen warnten. »Aber«, so behaupten Jokl / Jokl, »vor dem Hintergrund der uns jetzt bekannten Tatsachen lesen sich diese Artikel wie Hans Christian Andersens Märchen von den unsichtbaren Kleidern des Kaisers. Es lagen weder klinische Daten, noch Autopsie-Protokolle vor, die die Behauptung, daß körperliche Betätigung zu Herzkrankheiten führt, belegten. Heute wissen wir sogar, daß die Herzen junger Sportler auf eine einzigartige Weise in der Lage sind, sich an hohe Belastungen anzupassen. Dies trifft auf Kinder allgemein und auf Mädchen im besonderen zu.«

»Diese Tatsache ist von besonderer Bedeutung«, so fahren Jokl / Jokl fort, »für die Einschätzung sportlicher Leistungen, wie z. B. der Leistung der 15jährigen Petra Thumer aus der DDR, die bei den Olympischen Spielen in Montreal 1976 einen neuen Weltrekord über 400-m-Freistil schwamm. Mit der Zeit von 4:09,89 Min. war sie genauso schnell wie der Sieger bei den Männern bei den Olympischen Spielen in Tokio 1964. Es besteht kein Zweifel, daß die damaligen medizinischen Schicksalspropheten mehr Überredungskraft als Wissen besaßen.«

Es ist von beträchtlicher Bedeutung für die Idee des Joggings für Jedermann, daß in den vergangenen Jahren mit der Entdeckung, daß Frauen Trainingsbelastungen tolerieren können, die früher nur erwachsenen Männern zugetraut wurden, sich die Leistungen der Frauen in den sowohl schnelligkeits- wie auch ausdauerorientierten Schwimm- und Laufdisziplinen entschieden deutlicher verbessert haben als die vergleichbaren Leistungen der Männer. Führen Sie sich z. B. nur einmal vor Augen, daß die Frauen in den vergangenen Jahren ihre besten Marathonzeiten von über 2:40 Stunden auf unter 2:30 Stunden gesteigert haben und nun nur noch 15 Minuten schlechter als die besten Männer sind.

Die DDR-Athletinnen waren ein sehr gutes Beispiel für die gute Trainierbarkeit der Frauen. Ein anderes Beispiel war die Dänin Lea Olafsson, die im Jahr 1978 den 10 000-m-Weltrekord der Rumänin Natalia Marasescu um 58 Sekunden verbesserte. Lea war zu diesem Zeitpunkt erst 20 und hatte erst zwei Jahre bei mir trainiert. Sie war jedoch bereits dänische 800-, 1 500- und 3 000-m-Meisterin.

Um Jokl / Jokl wieder zu zitieren: »Die Verdeutlichung des kategorialen Unterschieds zwischen dem Alterungsprozeß als solchem und den Krankheiten, die auffallend häufig bei älteren Menschen auftreten, ist einer der wichtigsten Beiträge der sich mit kardiologischen Problemen beschäftigenden klinischen Sportmedizin. Die bedeutendste dieser im Alter auftretenden

Krankheiten ist die Koronar-Arteriosklerose, die zur myokardialen Degeneration führt. Körperliches Training beeinflußt alle Facetten des Alterungsprozesses. Es führt zu einer Verlangsamung des körperlichen Zerfalls, die Fitneß, und in gewissen Grenzen auch die Gesundheit, bleiben länger erhalten. Das Fortschreiten ischämischer Herzkrankheiten wird gebremst.«

Jokl / Jokl weisen darauf hin, daß zahlreiche über vierzigjährige Athleten das Finale bei Olympischen Spielen erreicht haben. Es gibt Großmütter, die olympische Medaillen gewonnen haben. Beim Honolulu-Marathon 1974 gewann ein 67 Jahre alter Universitätsprofessor die Altersklassenwertung in einer Zeit von knapp über 4 Stunden. Er hatte mit der Vorbereitung auf das Rennen erst kurze Zeit nach seinem 64. Geburtstag begonnen. Vor dieser Zeit hatte er ein sitzendes Leben geführt. Ein drei Jahre lang bewußt durchgeführtes tägliches Training ermöglichte ihm diese außerordentliche Ausdauerleistung. Am Boston Marathon 1975 nahm eine Gruppe von Männern im mittleren Alter teil, die einige Jahre zuvor alle einen Herzinfarkt erlitten hatten. Die gesamte Gruppe hatte am Rehabilitationszentrum von Toronto trainiert.

Jokl / Jokl sagen: »Die Lebensqualität von älteren Menschen, die körperlich fit sind, ist sicherlich besser, als die von Männern und Frauen, die ihren Lebensabend in Altersheimen verbringen. In diesem Zusammenhang muß noch hinzugefügt werden, daß der Entscheidung sogenannter älterer Bürger, ob sie laufen oder andere Sportarten betreiben, nicht notwendigerweise nur medizinische Gründe zugrundeliegen.«

»Im Jahre 1967 nahmen wir an einem Medizin-Kongreß zum Thema körperliche Aktivität und Altern in Israel teil ... Wir hatten die Gelegenheit, einem Dreitagemarsch nach Jerusalem beizuwohnen. Es handelt sich hierbei um einen jährlich stattfindenden Wettkampf, bei dem jeder Teilnehmer 25 km am Tag gehen muß. Unter den 40 000 Teilnehmern war auch ein 100 Jahre alter Mann.«

»Er bewältigte den Marsch. Wir gratulierten ihm nach dem Wettkampf und fragten: 'War es nicht eine bemerkenswerte Entscheidung für einen Mann Ihres Alters, an diesem Wettkampf teilzunehmen?' Er antwortete: 'Hätte ich mir einen schöneren Tod wünschen können, als auf dem Weg nach Jerusalem zu sterben?'«

Es wäre möglich, weitere Belege für unsere Aussagen zu finden, aber wir glauben, daß Sie, wenn Sie bis hierher gelesen haben, keine weiteren Belege mehr benötigen. Es ist jetzt an der Zeit, damit aufzuhören, nach Gründen zu fragen, warum Sie mit dem Laufen anfangen sollten. Anzufangen zu laufen, ist nicht schwieriger, als sich zurückzulehnen und dieses Buch zu lesen — aber nur Sie können diese Entscheidung treffen.

5. Übergewicht, Fitneß und Erschöpfung

Ernährung, körperliche Aktivität und psychischer Streß sind Faktoren, die bei der Beschäftigung mit Koronarerkrankungen berücksichtigt werden müssen. Wir wollen sie in der Reihenfolge ihrer Wichtigkeit besprechen.

Eine völlig zufriedenstellende Antwort auf die Frage nach der Rolle der Ernährung bei Herzkrankheiten ist nicht bekannt; man kann jedoch generalisierend sagen, daß in Ländern, in denen die Ernährung karg ist und keine tierischen Produkte enthält — z. B. in Afrika und Asien — das Auftreten von Herzkrankheiten weniger häufig als in reicheren Ländern ist, in denen alle Nährstoffe erhältlich sind. Auffallend ist auch, daß die Angehörigen wohlhabender Schichten häufiger von Herzkrankheiten betroffen sind als ihre ärmeren Landsleute.

Das Argument, daß die niedrigere Herzkrankheitsrate in ärmeren Ländern auf eine natürliche oder rassisch bedingte Immunität zurückzuführen ist, wurde bereits vor längerer Zeit durch die Tatsache widerlegt, daß amerikanische Neger — besonders die, die in Großstädten leben — in großer Zahl an Herzkrankheiten leiden. Vor Jahren wurde ebenfalls entdeckt, daß auf Hawaii lebende Japaner wesentlich häufiger Herzkrankheiten aufweisen als ihre Landsleute in Japan. Die Herzkrankheitsrate ist noch höher bei reichen Japanern in Kalifornien. Da aufgrund des Wirtschaftsbooms nach dem 2. Weltkrieg der Lebensstandard auch in Japan angestiegen ist, haben Mediziner dort ebenfalls eine ansteigende Zahl von Herzkranken festgestellt.

Ein anderes Argument gegen die Ernährungstheorie ist, daß in armen Ländern die Rate der auf andere Krankheiten (besonders Mangelernährungskrankheiten und Infektionskrankheiten) zurückzuführenden Todesfälle so hoch ist, daß ein geringerer Prozentsatz der Bevölkerung das Alter erreicht, in dem Herzkrankheiten verstärkt auftreten.

Dieses Argument wurde durch eine an Sondergruppen durchgeführte Studie widerlegt — untersucht wurden Trappisten und Benediktinermönche. Trappisten führen ein sehr strenges Leben und ernähren sich vegetarisch. Die Benediktiner ernähren sich reichhaltiger. Bei ihnen wurde eine viel höhere Krankheitsrate als bei den Trappisten festgestellt.

Seit Jahren ist bekannt, daß Herzkrankheiten bei Übergewichtigen viel häufiger sind. Dies alles deutet darauf hin, daß die Ernährung ein wichtiger Faktor ist; aber weil unsere gesamte Gesundheit so entscheidend davon abhängt, was und wie wir essen, müssen wir uns davor hüten, unsere Ernährung allzu drastisch zu ändern.

Basierend auf Veröffentlichungen aus Übersee liegen zunehmend Beweise aus Übersee dafür vor, daß die große Zuwachsrate an Herzkrankheiten in diesem Land zumindest z. T. auf die schädlichen Auswirkungen des psychischen Streß zurückzuführen ist, den unsere schnellebige, hochtechnisierte Zeit mit sich bringt. Bis vor kurzem glaubte man noch, daß der Streß schier unerträglich werden müßte, bevor er gefährlich werden könnte. Im Moment deutet jedoch alles darauf hin, daß eine Lebensweise, die durch kontinuierliche Sorgen und Streß gekennzeichnet ist, zu allen Symptomen einer Herzerkrankung führt. Man kann sich in der Tat zu Tode sorgen.

Sicherer ist die Rolle des Bewegungsmangels im Hinblick auf Herzkrankheiten. Inaktivität ist gewiß einer der wichtigsten Gründe für die steigende Anzahl der Infarkttoten — ein Gedanke, der die vielen Leute, die ein Herzversagen noch immer auf eine lebenslang betriebene harte Arbeit oder außerordentlich große Belastungen zurückführen, überraschen wird.

Alles deutet darauf hin, daß Herzkrankheiten in jeder Gesellschaft bei denjenigen am meisten auftreten, die eine sitzende Tätigkeit ausüben, und daß die Rate bei denjenigen am niedrigsten ist, die einer anstrengenden Arbeit nachgehen. In einigen Ländern — und die USA sind in diesem Zusammenhang ein klassisches Beispiel — ist die Technisierung so weit fortgeschritten, und die körperlichen Belastungen, die normalerweise im Beruf, bei Reisen, bei der Hausarbeit und in der Freizeit auftreten, haben so weit abgenommen, daß nur noch wenige Menschen, ob jung oder alt, sich auch nur einigermaßen körperlich betätigen.

Kurz: Das Auftreten von Herzkrankheiten hat zu tun mit der Mechanisierung der Arbeit, des Transports und der Freizeit — die Technik-Experten z. B. ersparen uns mittlerweile sogar das Aufstehen, um den Fernsehapparat einzuschalten. Addieren Sie hierzu die zusätzlichen Faktoren übermäßiges Essen, Streß, exzessiven Alkoholkonsum und Tabak, und wir haben es mit einer mächtigen Verschwörung zu tun, die uns unseres wichtigsten Merkmals, der körperlichen Fitneß, beraubt.

Was können wir also tun, um uns zu schützen?

Wie bereits erwähnt, ist es potentiell gefährlich, die gewohnte Ernährung drastisch zu ändern (es sei denn, es geschieht auf ärztlichen Rat hin), besonders für jemanden, der bereits unter einer nachgewiesenen Herzkrankheit leidet. Jeder Patient hat spezielle Probleme, die nur sein Arzt kennen und verstehen kann.

Dennoch kann man gewisse Ernährungsprinzipien befolgen, und keiner von uns ist zu alt oder zu jung, um sich nach ihnen zu richten und von ihnen zu profitieren. Diese Regeln treffen vor allem auf jene zu, die wahrscheinlich oder mit Sicherheit an Herzkrankheiten leiden, die wissen, daß sie zu Gefäßkrankheiten neigen, oder die übergewichtig sind. Die Nahrungsstoffe, die wir zu uns nehmen, liefern die chemischen Substanzen, aus denen die Muskeln, die Knochen, das Blutplasma und alle anderen Gewebe bestehen. Die hauptsächlichen Stoffe, die wir benötigen, sind Proteine, Fette, Kohlenhydrate, Mineralien und Enzyme. Darüber hinaus brauchen wir eine große Menge Zusatzstoffe — Chemikalien, die in kleinen Mengen benötigt werden, damit die chemischen Prozesse in unserem Organismus reibungslos ablaufen. Es handelt sich hierbei u. a. um die Vitamine, die leicht durch moderne Methoden der Nahrungsverarbeitung und unsere Kochmethoden zerstört werden. Auch die Enzyme werden gefährdet; einige können Hitze vertragen, andere nicht; einige stammen aus dem Körper selbst, einige stellen wir her, und andere stammen aus unserer Nahrung.

Für die meisten Menschen bestehen die wesentlichsten Nahrungsmittel aus 100 bis 200 g magerem Fleisch, 25 bis 50 g Käse, einem Ei, 300 ml Milch, ein wenig frischem Obst und grünem Gemüse. Ist das etwa alles, was Sie essen?

Zusätzliche Kalorien, die hauptsächlich aus Kohlenhydraten stammen, schwanken je nach Energieverbrauch, Alter, Geschlecht, Konstitution, Körperbau und Beschäftigung. Sie können Ihre persönlichen Zweifel ausräumen, indem Sie mit Ihrem Arzt reden, und es ist auch sinnvoll, ein wenig über das Thema zu lesen, vorausgesetzt, sie werden nicht zum Anhänger von Büchern, die von Nahrungsfetischisten, -fanatikern und -extremisten geschrieben sind.

Zuviel zu essen, ist wahrscheinlich das größte Gesundheitsproblem der meisten Menschen in der westlichen Welt, mit Ausnahme des Querschnitts der Alten und Einsamen, die aufgrund von Apathie und Depressionen immer weniger essen, Fertiggerichte auswählen, da diese keine Umstände bereiten, und sich auf diese Weise einer Mangelernährung aussetzen.

Offensichtlich sind die Nahrungsbedürfnisse eines kleinen Kindes, einer jungen Mutter und eines körperlich hart arbeitenden Mannes ganz anders, als die von Erwachsenen, die einer sitzenden Tätigkeit nachgehen. Dennoch ändern sich die in frühen Lebensjahren entwickelten Nahrungsgewohnheiten kaum; wir kümmern uns nicht darum oder sehen keinen Anlaß, sie zu ändern. Anstatt weniger zu essen, wenn die Lebensbedingungen leichter werden, essen wir gerade dann häufig mehr, da wir ja auch mehr verdienen.

Üppige Mahlzeiten setzen das Verdauungssystem sehr großen Belastungen aus, führen zu einem erheblichen Anstieg der Blutfettwerte und verlangen dem Herz genauso viel Arbeit ab, wie das bei großen körperlichen Anstrengungen der Fall ist, um die Verdauungsorgane mit Blut zu versorgen. Unser Lebensstil führt jedoch mehr und mehr dazu, daß wir uns am Tag nur so zwischendurch ernähren und uns abends wahren Eß-orgien hingeben.

Viele Hausfrauen widmen der Zubereitung einer üppigen Mahlzeit ihr Hauptinteresse, weil sie glauben, daß dies die beste Methode ist, Zuneigung zu beweisen. Sie bringen ihre Ehemänner im wahrsten Sinne des Wortes aus Liebe um, was besonders dann der Fall ist, wenn es sich bei den Männern um Geschäftsleute handelt, die oft an Geschäftsessen teilnehmen müssen.

Lassen Sie sich von den Vögeln belehren und gleichzeitig warnen. Sie fressen wenig, dafür aber häufig, und Wissenschaftler haben herausgefunden, daß sie selten an Gefäßkrankheiten leiden, es sei denn, sie werden in Gefangenschaft gehalten. In diesem Fall setzen sie sich, wie der Mensch, zwei Risiken aus — Überernährung und Inaktivität.

Man sollte langsam essen und das Essen zu einer Art Freizeitvergnügen machen. Ärzte, die untersucht haben, was nach der Verdauung mit Zucker und Fetten geschieht, wissen, daß kleine Mahlzeiten, die man entspannt zu sich nimmt, den Hunger wirksamer stillen als große Nahrungsmengen, die hinuntergeschlungen werden.

Der Appetit — oder die innere Gier — nimmt langsam ab, wenn kleine Mahlzeiten zur Gewohnheit werden; die großen Schwankungen der Blutzuckerkonzentration, die den Appetit fördern, werden auf diese Weise überwunden. Gleichfalls wird die Blutfettkonzentration auf einem Minimum gehalten.

Können Sie sich einen Sportler vorstellen, der vor einem Wettkampf eine herzhafte Mahlzeit zu sich nimmt? Und warum tut er das nicht? Weil die vermehrte Herzarbeit, die die Verdauung dieser Mahlzeit bewirkt, die Leistungsfähigkeit entscheidend beeinträchtigen würde. Wenden Sie diese Denkweise auch auf Ihr eigenes Leben an.

Der durchschnittliche Amerikaner mittleren Lebensalters ist gemessen am Idealgewicht 9 kg zu schwer. Die Neuseeländer in der gleichen Altersgruppe waren vor einigen Jahren dabei, sich rasch dieser Zahl zu nähern. Obwohl dies auf viele noch immer zutrifft, wurden Tausende eines Besseren belehrt. Übergewicht ist ein ernstzunehmendes medizinisches Phänomen, denn es erhöht die Gefahr verschiedener schwerer Krankheiten (Herzkrankheiten, Bluthochdruck, Diabetes etc.). Für Personen, die bereits an einer Herzkrankheit leiden, ist das Problem noch gravierender.

Stellen Sie sich bitte vor, ein Mensch mit 13 kg Übergewicht belastet sein Herz, seine Muskeln und Gelenke mit dem Äquivalent eines halben

Sacks Kartoffeln. Versuchen Sie einmal, diese Menge den ganzen Tag auf Ihrem Rücken zu tragen.

Ihr Idealgewicht ist das, was wir Ihr Wettkampfgewicht nennen würden — Ihr niedrigstes Gewicht, als Sie jung und fit waren. Sie sollten danach streben, dieses Gewicht Ihr ganzes Leben lang beizubehalten. Im Alter an Gewicht zuzunehmen, ist keinesfalls normal oder unabwendbar. Es ist im wesentlichen darauf zurückzuführen, daß Sie mehr essen, als Sie an Energie verbrauchen. Wir werden älter, wir strengen uns weniger an, und unsere Bewegungen werden langsamer; daher verbrauchen wir weniger Energie, aber unser Appetit, der sich während unseres ganzen Lebens entwickelt hat, nimmt normalerweise nicht proportional ab. Oft nimmt er sogar zu, da wir mehr Zeit zum Naschen haben, und manchmal widmen wir uns sogar nur deshalb dem Essen, um fehlende Leistungen in anderen Bereichen zu kompensieren.

Wenn wir also Probleme im späteren Leben vermeiden wollen, sollten wir das Problem bereits früh im Leben in den Griff bekommen, indem wir uns fest vornehmen, im Alter nicht zuzunehmen. Wir müssen die Problematik verstehen und benötigen gleichzeitig ausreichend Entschlußkraft; denn wenn wir das Problem nicht verstehen, sind Abmagerungsversuche selten erfolgreich, es sei denn nur für kurze Zeitabschnitte.

Wir müssen unser Gewicht reduzieren und dieses reduzierte Gewicht halten. Das fällt nicht leicht, aber wir müssen folgende drei Prinzipien beachten:

1) aktiver sein;
2) weniger essen;
3) täglich unser Gewicht kontrollieren.

Ärzte halten heutzutage die Regel 1) für besonders wichtig, denn Untersuchungen haben gezeigt, daß übergewichtige Menschen dazu neigen, Ihren Energieverbrauch proportional zu ihrem Gewicht einzuschränken. Dies wurde bewiesen, indem man eine Gruppe von Kindern heimlich beim Ballspielen auf dem Schulhof filmte. Der Film zeigte, daß die schlanken Kinder begeistert dem Ball nachjagten, während die übergewichtigen Kinder nur darauf warteten, daß der Ball in ihre Reichweite gespielt wurde. Das hatte nichts mit Trägheit zu tun, sondern zeigte einen Temperaments- und Anschauungsunterschied, der ein lebenslanges Problem darstellen könnte.

Man kann sich z.B. veranlaßt sehen, einen Beruf zu ergreifen, der keinen großen Energieaufwand verlangt. Untersuchungen an Londoner Busfahrern und Schaffnern zeigten z.B. vor vielen Jahren, daß bei den Busfahrern Herzkrankheiten doppelt so häufig auftreten wie bei den

Schaffnern. Die Schaffner waren den ganzen Tag in Bewegung, während die Busfahrer ihre Arbeit im Sitzen verrichteten.

Der wirklich interessante Befund war jedoch, daß die Busfahrer bereits bei der Aufnahme ihrer Beschäftigung bei den Verkehrsbetrieben schwerer gewesen waren als die Schaffner. Sie zogen die sitzende Tätigkeit vor, was darauf hindeutete, daß sie ihrem Zustand Rechnung trugen und den Grundstein für ernsthafte Herzprobleme legten.

Wenn Sie jung und übergewichtig sind und einer sitzenden Tätigkeit nachgehen, müssen Sie bewußt damit beginnen, sich körperlich zu betätigen, sich soviel wie möglich zu bewegen, und zu lernen, ein hartes, aktives Leben zu führen.

Da man nicht abnehmen kann, ohne weniger zu essen, sollten Sie sich ein sinnvolles Wissen über und Verständnis einfacher Ernährungsprinzipien aneignen; andernfalls könnten Sie Ihren Körper letztendlich der wesentlichen Nahrungsmittel berauben, die er braucht, um optimal zu funktionieren. Sie sollten nicht mehr Schwierigkeiten haben, die Funktionen Ihres Körpers kennenzulernen, als die Funktionen Ihres Autos — und welche Art von Wissen ist langfristig gesehen wohl wertvoller? Man kann sich ein neues Auto anschaffen.

Es ist hilfreich, wenn man den Energiewert der häufigsten Nahrungsmittel kennt. Der Energiewert wird in Kalorien angegeben, und die Anzahl der Kalorien in einem Nahrungsstoff ist die Menge Energie, die das Essen nach der Verdauung liefert.

Wenn die Gesamtkalorienaufnahme höher als die verbrauchte Energie ist, wird das überschüssig Aufgenommene in Form von Fett gespeichert. Der Durchschnittsbürger, der einer sitzenden Tätigkeit nachgeht, braucht ca. 2 000 Kalorien pro Tag; ein schwer arbeitender Mann kann bis zu 4 000 Kalorien benötigen. Wenn Sie pro Tag 600 Kalorien mehr aufnehmen, als Sie brauchen, können Sie ca. 400 g Fett zunehmen.

Herzkranke sollten nicht versuchen, plötzlich und drastisch abzunehmen. Langsam abzunehmen ist zwar schwieriger, aber auch sicherer.

Medikamente, die den Appetit zügeln oder den Stoffwechsel ankurbeln, vermehrt Kalorien zu verbrennen, sind selten risikoarm, wenn sie über längere Zeitabschnitte eingenommen werden, und ihr Effekt ist nur kurzlebig.

Ein unbedingt notwendiges Utensil bei jeder Abmagerungsaktion ist eine Waage. Wiegen Sie sich jeden Tag unbekleidet. Sie können sich angesichts der Tatsachen, die die Waage enthüllt, nichts vormachen. Sie können weder das Gewicht Ihrer Kleidung, noch das Kleingeld, das Sie in der Tasche tragen, als Entschuldigung für das Extragewicht, von dem sie wissen, daß es zuviel ist, anführen.

Wenn Sie Ihr Gewicht auf das gewünschte Maß reduziert haben, ist es noch wichtiger, daß Sie sich täglich wiegen. Sobald Sie eine Gewichtszunahme von 2 kg feststellen, reduzieren Sie Ihre Nahrungsaufnahme drastisch, bis Sie Ihr Idealgewicht wieder erreicht haben.

Sie sind körperlich fit, wenn Ihr Körper bis an die Grenzen seiner Ausdauer belastbar ist, ohne daß Sie dies als unangenehm empfinden. Körperliche Fitneß schützt nicht nur vor vielen Krankheiten, sie steigert auch das Gefühl des Wohlbefindens, das mit Gesundheit und guter Kondition einhergeht, und von dem unsere Leistungsfähigkeit und Zufriedenheit maßgeblich abhängt.

Es ist traurig, daß körperliche Fitneß bei Menschen, die die Lebensmitte überschritten haben, eher die Ausnahme als die Regel ist. Dies ist in vielen Ländern ein Problem von nationaler Bedeutung, was nicht vertuscht werden sollte. Mangelnde Fitneß beraubt uns unserer Gesundheit, unserer Moral und unserer Chancen, letztlich als Nation zu überleben.

Das braucht nicht so zu sein. Training kann sehr gut dazu beitragen, daß man körperliche Fitneß wiedererlangt, wobei unter Training eine regelmäßige und wiederholte Ausübung körperlicher Aktivitäten verstanden wird. Diese Aktivität sollte einen gewissen Ausdauercharakter besitzen. Junge Menschen werden nicht durch Crocket- oder Bowlingspielen fit; sie müssen ihr Herz, ihre Lungen und ihre Muskeln größeren Belastungen aussetzen. Wenn man älter wird, braucht man sich nicht mehr so anzustrengen; man muß sich aber dennoch körperlich belasten, und das, falls möglich, täglich.

Es gibt eine einfache, ökonomische und angenehme Methode der körperlichen Belastung, bei der wir uns die Zeit, den Ort und den Anstrengungsgrad selbst wählen können. Gemeint ist das Jogging.

6. Wo das Jogging geboren wurde

Wenn Sie sich wundern, warum wir vom Wert des Jogging so überzeugt sind, brauchen Sie sich heutzutage nur umzusehen und einen Blick auf die Menschen zu werfen, die joggen und daraus Nutzen ziehen. Reden Sie mit ihnen, wenn Sie können; fragen Sie sie, wie sie sich jetzt im Vergleich zu früher, als sie noch nicht liefen, fühlen.

Sehr wahrscheinlich werden sie in der einen oder anderen Form die Gedanken oder Überzeugungen äußern, die mich vor mehr als 20 Jahren dazu gebracht haben, das Joggen der Gesundheit wegen zu predigen. Damals war ich noch so etwas wie ein einsamer Rufer in der Wüste überall dort, wo das Ausdauerthema zur Sprache kam. Was war damals die Grundlage meines Wissens, meiner Behauptungen und meiner Überzeugungen? Schlicht die Tatsache, daß ich mich selbst kannte. Aufgrund meiner langen Erfahrungen war ich überzeugt, und ich war eifrig bemüht, andere zu überzeugen.

Ich erwarb mir das Verständnis der körperlichen Grenzen und der Vorteile des Trainings aus erster Hand bei meinem Kampf gegen meine eigene schlechte Kondition und indem ich meine Trainingsgewohnheiten denen der Athleten anpaßte, die kamen, um mit mir zu trainieren. Es fing vor 37 Jahren an, als ich 27 war, im Winter Fußball spielte und im Sommer schwamm. Ich war ein Athlet, der wie die meisten Neuseeländer ziemlich oberflächlich und ziellos trainierte, weil ich glaubte, durch die Wettkämpfe, an denen ich teilnahm, fit zu bleiben.

Dann jedoch überredete mich ein Freund, der ein erfahrener Langstreckler war, einen 10-km-Lauf mit ihm zu absolvieren. Er zeigte mir, wie weit ich von wirklicher Fitneß entfernt war. Meine Pulsfrequenz stieg rasch; ich keuchte und rang nach Luft; meine Lunge und meine Kehle fühlten sich an wie verbrannt; meine Beine waren wie Gummi; ich spürte am gesamten Körper die Auswirkungen des Laufs und des Einsatzes, den es mich gekostet hatte, den Lauf zu beenden.

Tausende, die sich seitdem dem Jogging zugewandt haben, um ihre jugendliche Fitneß wiederzuerlangen, werden sich leicht mit diesen Reaktionen identifizieren können. Auch sie werden, wie ich selbst, gemessen an ihrer Kondition zu schnell und zu lange gelaufen sein, weil sie ihren körperlichen Zustand falsch beurteilten.

Ich konnte zwar ein Fußballspiel schnaufend und keuchend überstehen, aber ich mußte lernen, daß ausdauerndes Laufen meinen Körper Belastungen aussetzte, auf die mich das Fußballtraining nicht vorbereitet hatte.

Ich hätte die Qualen der Erholung durchmachen und die Erfahrung dann vergessen können, aber stattdessen dachte ich über die Ursachen dieser Erfahrung nach und stieß auf die Frage: Wenn mich ein derartiger Lauf bereits im Alter von 27 Jahren in einen derartigen Zustand versetzt, was wird erst im Alter von 47 Jahren mit mir passieren?

Wahrscheinlich war dieser Moment der Wahrheit die Geburtsstunde des Jogging, denn ich begann mit einem täglichen Lauftraining, neugierig zu erfahren, wie es sich auf mich auswirken und welchen Nutzen es mir langfristig bringen würde. Ich hatte aus dem 10-km-Lauf die logische Schlußfolgerung gezogen, daß ausdauerndes Laufen, wenn man es mit weniger Ungestüm und besserer Vorbereitung in Angriff nimmt, dem allgemeinen Gesundheitszustand guttut, indem es auf das Atmungs- und Kreislaufsystem einen Reiz ausübt. Ich wollte jedoch die Ursachen dafür wissen.

Nach einigen Monaten regelmäßigen Laufens konnte ich bequem 24 km zurücklegen; da ich jedoch ein dogmatischer, verbissener und wie ich annehme gründlicher Mensch bin, war ich noch immer nicht überzeugt, daß ich alles richtig machte. Ich fing also damit an, extrem viel zu laufen; ich wollte wissen, welchen Umfang ich bewältigen und welches Tempo mein Körper aushalten konnte. Ich lernte meine körperlichen Grenzen kennen, indem ich sie überschritt.

Das ging viele Jahre so weiter. Ich entwickelte mich zu einem aktiven und einigermaßen erfolgreichen Mittel- und Langstreckler und erfand das marathonartige Ausdauertrainingssystem, das mittlerweile international als einer der wichtigsten Meilensteine auf dem Weg zu besseren leichtathletischen Leistungen gilt. Auf dieser Grundlage entstand ein neues Verständnis der menschlichen Leistungsphysiologie; und daraus wiederum entstand eine neue Rasse von Weltmeistern, die einige Jahre lang von den wenigen Athleten, die die ersten gewesen waren, die mich auf meinen Trainingsläufen begleitet hatten, angeführt wurde.

Daraus entstanden ebenfalls die Prinzipien des Joggings.

Ich bin auf dem harten Weg dorthin gelangt; jetzt ist es einfach. Die Theorien, die ich mir selbst und bei meinen ersten Läufern wie Peter Snell, Murray Halberg und anderen vor vielen Jahren testete und deren Richtigkeit ich bewies, sind seitdem erneut von Sportphysiologen und Sportmedizinern in der ganzen Welt geprüft und bestätigt worden. Sie werden täglich von einer wachsenden Zahl von Mittel- und Langstreckenläufern in die Praxis umgesetzt, von Sportlern aller Disziplinen, die sich neben ihren bereits vorhandenen Fertigkeiten eine hohe Ausdauerfähigkeit aneignen wollen, und von den Millionen Menschen, die ganz einfach leistungsstarke und gesunde Jogger sind.

Die persönlichen Rekorde von Athleten, die nach dem Lydiard-System trainiert wurden, sind sehr bekannt und werden ständig aufgezeichnet. Im Zusammenhang dieses Buches sind sie nicht wichtig, es sei denn als Beweis dafür, daß das System funktioniert. Es verhalf mir zehn Jahre nach dem schrecklichen 10-km-Lauf zum Titel eines neuseeländischen Marathonmeisters und zur Teilnahme am Marathonlauf bei den Empire Games.

Es versetzte mich auch in die Lage, 34 Jahre später, also im Alter von 61 Jahren, ohne spezifisches Training einen Marathon in 2:58,58 Std. zu laufen.

7. Ausdauer ... nicht Kraft

Ausdauer lautet die vollständige und einfache Antwort auf die Frage nach der Fitneß. Ausdauer, nicht Kraft, ist verantwortlich für den wesentlichen Zustand der Ermüdungslosigkeit, der das Kennzeichen eines Menschen ist, der wirklich fit ist.

Kraft bedeutet, ein schweres Gewicht einmal, zweimal oder auch wiederholte Male zu heben. Ausdauer heißt, ein geringeres Gewicht unzählige Male zu heben.

Bitten Sie den dicksten Muskelprotz in Ihrer Nachbarschaft, eine Meile so schnell zu laufen, wie er kann, und er wird sich vermutlich auf dem Boden krümmen, bevor er die Meile auch nur halb beendet hat; es sei denn, er ist ein Kraftsportler, der gelernt hat, das Laufen als festes Element in sein Training zu integrieren.

Ausdauer ist die Fähigkeit, eine bestimmte Aktivität über einen gewissen Zeitraum mit gleichbleibender Intensität auszuüben, auf der Grundlage eines allgemeinen Trainings des kardiorespiratorischen Systems und einer systematischen und umfassenden Anpassung der Muskulatur. Ausdauertraining darf nicht mit dem gezielten Aufbau spezieller Muskeln, die für das Gewichtheben verantwortlich sind, verwechselt werden.

Man trainiert einem Läufer keine Kraft an, um ihn damit in die Lage zu versetzen, eine Meile unter vier Minuten zu laufen. Er verfügt mit großer Sicherheit bereits über die Grundschnelligkeit; die Ausdauer gibt ihm lediglich die Fähigkeit, diese bereits vorhandene Schnelligkeit über die verlangte Distanz beizubehalten. Peter Snell war bereits ein schneller Läufer, als er mein Schüler wurde. Ich gab ihm lediglich die Ausdauer, diese Geschwindigkeit besser und länger als andere, die im Grunde schneller waren, ihr Tempo jedoch nicht halten konnten, beizubehalten.

Die Gruppe Neuseeländer, die sich zum ersten organisierten Volkslauf im Jahr 1961 versammelten, waren alle einmal in der Lage gewesen, ein vernünftiges Tempo zu laufen. Sie alle hatten jedoch diese Fähigkeit verloren. Zwischen ihren dicken Bäuchen und Doppelkinnen — sie waren im Durchschnitt 47 Jahre alt — war so wenig echte Fitneß, daß die meisten von ihnen kaum eine Viertelmeile taumelnd bewältigen konnten. Die Jahre der Inaktivität und der Vernachlässigung ihres Körpers trafen sie in die Lungen und Muskeln wie ein Schmiedehammer.

Vor dem Start ihres ersten Laufs warnte ich sie davor, zuviel Ehrgeiz zu entfalten, aber sie lachten nur. Keiner konnte sich so etwas vorstellen; eine Viertelmeile später konnten sie es sich jedoch noch viel weniger vorstellen.

Drei Monate nach diesem Ereignis nahmen allerdings einige dieser Jogger als Mannschaft an einem Staffellauf teil, wobei jeder 1 1/4 Runden eines mit Hürden bestückten Laufkurses bewältigen mußte. Ihre Gegner waren junge, ernsthaft trainierende Athleten — dennoch waren sie im Ziel nicht die letzten. Acht Monate später beendeten sieben dieser Jogger einen Marathonlauf.

Ein 110 kg schwerer Läufer, der mit einer Ruhepulsfrequenz von 80 das Lauftraining aufnahm, verringerte sein Gewicht in acht Monaten auf 77 kg und erreichte eine Pulsfrequenz von 50. Er war schließlich fähig, 42 km und mehr ohne größere Anstrengung zu laufen.

Jeder dieser Jogger hatte bewiesen, daß aus einem gequälten Stolpern rasch ein angemessenes Lauftempo werden kann. Sie wurden im wahrsten Sinne des Wortes Läufer. Sie fanden heraus, daß nur etwas Entschlossenheit und Geduld nötig sind, um die Belohnungen in Gestalt von Gesundheit, mehr Energie für die Arbeit und die Freizeit, Befreitheit von körperlicher und geistiger Erschöpfung und einer völlig neuen Weltanschauung zu erlangen.

Ihre persönlichen Erfolge als Jogger waren in jenen Tagen etwas Außergewöhnliches; heute sind sie alltäglich. Damals war es ein seltener Anblick, einen Läufer, der älter als 40 oder 50 Jahre war, im Teilnehmerfeld eines Marathonlaufs zu sehen. Heutzutage übertreffen die Altersklassenläufer zahlenmäßig meist die jungen Läufer bei Marathonläufen auf der ganzen Welt. Viele von ihnen sind Frauen. All das muß gute Gründe haben.

8. Ihr Puls ist Ihr Gesundheitsanzeiger

Jogger sind angenehm überrascht, wenn sie nach einer Zeit regelmäßigen Trainings eine drastische Reduzierung ihres Ruhepulses bemerken. Was hat das zu bedeuten? Was passiert mit unserem Körper, wenn er durch Jogging stimuliert und trainiert wird?

Die Pulsfrequenz gibt bis zu einem gewissen Grad Aufschluß über den allgemeinen Zustand des Körpers. Die Natur sorgt dafür, daß alles im Gleichgewicht ist. Wenn also das Herz seine Arbeit ohne Mühe verrichtet, trifft das auch auf alle anderen damit in lebenswichtigem Zusammenhang stehenden Organe zu.

Eine hohe Ruhepulsfrequenz bedeutet im allgemeinen, daß die Arterien in einem Cholesterolzustand oder unterentwickelt und unelastisch sind. Die Arterienwände könnten durchaus auch Fettablagerungen aufweisen, die den Blutfluß zu den diversen Körperbereichen einschränken und das Herz veranlassen, stärker zu pumpen, um das benötigte Blutvolumen durch die verengten Arterien zu pressen.

Jogging fördert die Durchblutung und bewirkt eine Blutdruckerhöhung. Dieser erzwungene Bluthochdruck, der mit einer erhöhten Temperatur einhergeht, kann zu einer Spülaktion führen, wodurch einige Fett- und Abfallstoffablagerungen von den Arterienwänden abgelöst und aus dem Körper geschafft werden können. Bei hohen Belastungen dient Cholesterol auch als Energiequelle. An der Purdue University in Lafayette, Indiana, wurde die Cholesterolkonzentration von Schwimmern untersucht, und die Schwimmer wurden anschließend hohen anaeroben Belastungen ausgesetzt. Die Cholesterolkonzentration im Blut der Schwimmer war zunächst hoch; einige Stunden später jedoch war sie wieder auf das Normalniveau gesunken.

Bei Langstreckenläufern ist Cholesterol im Ruhezustand so gut wie nicht existent. Dies ist auf ihr kontinuierliches Training und das damit zusammenhängende ständige Ausspülen des Arteriensystems zurückzuführen. Das Cholesterol kann auf diese Weise keinen Halt finden, sondern wird in den Arterien verbrannt. Die Nahrungsaufnahme braucht sich nicht von der anderer Menschen zu unterscheiden; der Unterschied besteht lediglich darin, daß das, was dem Inaktiven gefährlich werden kann, beim Aktiven keine Chance hat, sich festzusetzen.

Wenn die Cholesterolkonzentration reduziert wird, findet der durch die Bewegung intensivierte Blutfluß einen leichteren Durchgang, wodurch es dem Herz möglich wird, seine Aktivität zu drosseln. Die Herzaktivität bleibt auch dann gedrosselt, wenn der Körper sich zwischen den

Belastungen entspannt. Es kommt folglich zu einer Senkung der Pulsfrequenz. Für die Reduktion der Ruhepulsfrequenz ist weiterhin verantwortlich, daß die Arterien sich an die häufig erhöhte Durchblutung anpassen, indem sie elastischer werden und sich erweitern. Das Herzvolumen nimmt ebenfalls zu, indem das Herz die durch die Dauerbelastung hervorgerufene Erweiterung bis zu einem gewissen Grad beibehält.

Ein anderer Faktor ist folgender: Bei Normalpersonen, die sich körperlich wenig belasten, weder allgemein noch speziell, neigt das arterielle System innerhalb der wenig oder gar nicht benutzten Muskeln dazu, sich zusammenzuziehen, oder es kommt zu Blockierungen.

Laufen verursacht eine Erweiterung des arteriellen Systems, weil es die meisten Muskeln des Körpers mehr oder weniger belastet. Venen und Arterien, die aufgrund von Bewegungsmangel ihre Funktion eingestellt haben, und Kapillarnetze, die vielleicht nie gebraucht worden wären, öffnen sich und nehmen eine konstante Funktion auf. Dadurch, daß dem Blut mehr Durchflußkanäle zur Verfügung stehen, verbessert sich der ohnehin schon erleichterte Blutfluß noch mehr.

Wenn das System auf irgendeine Weise blockiert sein sollte, bieten die erweiterten Blutbahnen Umwege, die die Gefahr schädlicher Unterbrechungen erheblich einschränken. Es ist dieser ungehemmte Blutfluß, der durch ein viel sanfter schlagendes Herz durch die Gefäße gepumpt wird, gekoppelt mit einem aktivierten muskulären und einem trainierten kardiorespiratorischen System, wodurch das Alltagsleben so erheblich erleichtert wird.

Es wurde errechnet, daß das vaskuläre System des Ausdauertrainierten 20 mal leistungsfähiger ist als das des Inaktiven.

Man muß jedoch darauf hinweisen, daß jeder Mensch unabhängig von seinem Alter und Geschlecht ein Individuum ist und folglich individuell behandelt werden muß. Einige Menschen zwischen 20 und 30 haben Herzinfarkte erlitten und starben bei Volksläufen, weil ihr Herz-Kreislauf-System mangelhaft entwickelt war. Vielleicht waren sie sich über ihr Risiko nicht im klaren, verausgabten sich mehr und nahmen weniger Notiz von Warnsignalen als ein älterer Mensch, der klüger gewesen wäre und auf Anzeichen geachtet hätte, die ein junger Mensch allzu leicht ignoriert.

Wir geben Ihnen jetzt die Warnung: Egal wie alt Sie sind, bevor Sie mit dem Laufen beginnen, müssen Sie Ihren Arzt aufsuchen, ihm sagen, was Sie zu tun beabsichtigen und ihn bitten, Sie auf körperliche Mängel hin, die Sie am Joggen hindern oder beim Joggen gefährden könnten, zu untersuchen.

Denken Sie daran, daß das Gehirn genauso wie die Muskulatur mit Sauerstoff und Blut versorgt werden muß. Wenn die Muskeln leistungsfähiger werden, werden unsere Reflexe schneller, und unsere Fähigkeit, rasch und kreativ zu denken und zu handeln, wird verbessert. Wir können unsere tägliche Arbeit besser erledigen, weil unsere geistige und körperliche Gesundheit uns in die Lage versetzt, auf einem gleichmäßig hohen Niveau zu agieren, ohne ermüdungsbedingte Tiefs, Konzentrationsmangel und Kopfschmerzen, die vielen Erwerbstätigen in der Mitte des Nachmittags zu schaffen machen.

Ein Schock, Streß oder der plötzliche Sprint, um den Bus noch zu erwischen, können dem Menschen, der nicht fit ist, gefährlich werden, da sein kardiorespiratorisches System nicht voll funktionsfähig ist. Der unerwartete Reiz treibt die Durchblutung und den Blutdruck in die Höhe, und wenn der Organismus nicht ausreichend trainiert ist, um damit fertig zu werden, kommt es zu einem Flimmern vor den Augen, alarmierendem Herzjagen und einem Schwächegefühl, welches den Betroffenen veranlaßt, zum nächsten Arzt zu eilen und eine Kur für sein schwaches Herz zu beantragen. Es kann jedoch auch sein, daß die betreffende Person auf der Stelle tot zusammenbricht.

Der Ausdauertrainierte wird durch ein elastisches System vor den körperlichen Konsequenzen eines Schocks oder scharfen Sprints geschützt. Er ist auch sehr viel eher in der Lage, den oben erwähnten Bus noch zu erwischen. Das gesunde Herz sowie kardiorespiratorische und vaskuläre System führen zu einer verbesserten Sauerstoffaufnahme, womit die Fähigkeit, Sauerstoff aufzunehmen, zu transportieren und zu verbrauchen, gemeint ist.

Wenn der Sprinter sich über die 100-m-Distanz katapultiert, fließen 32 Liter Blut pro Minute durch sein Gefäßsystem; das ist acht- bis zehnmal soviel, wie das arterielle System einer Normalperson bewältigen kann. Stellen Sie sich nun einmal vor, wie viele hundert Liter durch die Gefäße eines Läufers fließen, der 32 oder auch nur 15 km an einem Stück zurücklegt. Dann werden Sie verstehen, was für ein wunderbares Organ das Herz sein muß, um in der Lage zu sein, diese Versorgung nahezu unbegrenzt lange aufrechterhalten zu können. Der Druck ist extrem — aber alles, was Sie zu tun haben, ist, Ihr Herz in einem Zustand zu halten, der ihm ermöglicht, damit fertig zu werden.

Das Herz ist dafür konstruiert, viel härter zu arbeiten als unter Normalbedingungen, und es ist dazu mühelos in der Lage, wenn Sie sich um den Zustand Ihres Herzens und des damit zusammenhängenden Kreislaufsystems kümmern. Wenn Sie ihr Herz vernachlässigen, wird Ihr Versuch, sich extrem zu belasten, in einem Totalzusammenbruch resultieren oder zumindest zu einer derart hohen Pulsfrequenz führen, daß Sie glauben, Ihre letzten Tage würden sich in vollem Galopp nähern. Was auch immer Ihre persönliche maximale Sauerstoffaufnahme sein mag, sie kann mit Sicherheit verbessert werden. Einige Ärzte behaupten, daß die normale Sauerstoffaufnahme eines Menschen nicht über ein bestimmtes Maß hinaus verbessert werden kann; ich möchte diesen Ärzten jedoch widersprechen. Die meisten Tests wurden an Läufern durchgeführt, die noch keine 20 oder 30 Jahre Lauftraining hinter sich hatten, und die langfristigen physiologischen Auswirkungen des Laufens sind noch nicht völlig verstanden.

Vor ca. zehn Jahren begann ich damit, einen Amerikaner, Steve Goldberg, zu trainieren. Er hatte noch nie zuvor Sport getrieben. Er war 38 Jahre alt, war am Jogging interessiert und fragte mich, ob ich bereit sei, ihm bei seinem Lauftraining zu helfen. Ich trainierte ihn ca. zwei Jahre lang per Briefwechsel, und im Alter von 40 Jahren gewann er den U.S. Masters' Marathon in etwas mehr als 2:32 Stunden. Er ist ein auffälliges Beispiel eines Menschen, der sich voll und ganz dem Jogging verschrieben hat und sich in physiologischer Hinsicht extrem verbesserte.

Der Neuseeländer John Robinson war vielleicht einer der langsamsten Läufer unter den Jugendlichen, die ich trainierte. Er schien nicht das geringste Talent zu haben, aber er lief gerne und hörte nicht auf zu laufen. Er war bereits 20 Jahre gelaufen, als er mit 35 Jahren in einer Zeit von 2:15 Stunden neuseeländischer Marathonmeister wurde. Mit 40 wurde er in der Bundesrepublik Deutschland Marathonweltmeister in seiner Altersklasse in etwas mehr als 2:20 Stunden. Wir müssen also bei unseren Langzeitprognosen die allgemeine Herzentwicklung von Athleten betreffend vorsichtig sein. Es scheint, als seien die Grenzen sehr weit gesteckt.

Bei sehr gut trainierten Athleten wie Henry Rono, Sebastian Coe oder John Walker beträgt die Sauerstoffaufnahme sieben und mehr Liter pro Minute. Bei sitzend tätigen Menschen kann sie weniger als einen Liter betragen. Diese Personen sind bereits nach dem Gehen einiger Treppenstufen außer Atem. Wenn man jedoch einen derart Untrainierten ein Trainingsprogramm ausführen läßt, welches aus einer täglich durchgeführten aeroben Aktivität von 15 Minuten und mehr besteht, wird sich aufgrund des Drucks, den das stimulierte Herz auf den Kreislauf und das Blutgefäßsystem ausübt, seine Fähigkeit, Sauerstoff aufzunehmen, zu transportieren und zu verbrauchen, drastisch verbessern.

Wir neigen dazu, eine große Menge Sauerstoff ein- und gleich darauf wieder auszuatmen, denn unser Organismus ist nicht in der Lage, alles zu assimilieren. Wenn wir unser Kreislaufsystem jedoch um das Siebenfache oder noch mehr verbessern — der Unterschied zwischen einem Henry

Rono und einem Untrainierten zeigt, daß das möglich ist —, und wenn wir bestimmte Muskelgruppen häufig über lange Zeiträume gebrauchen, wird sich unser Sauerstoff- und Blutzuckerverbrauch sowie die Ausscheidung von Abfallstoffen verbessern. Für jeden, sogar für einen Kardiologen, wäre es schwierig, genau anzugeben, wo unabhängig von Geschlecht und Alter die Leistungsgrenzen eines bestimmten Menschen liegen, vorausgesetzt, es liegen keine einschränkenden gesundheitlichen Probleme vor, die einem derartigen aeroben Training im Wege stehen.

Wenn Sie ruhen, befinden sich Ihre Arterien in einem kontrahierten Zustand. Ein Geschäftsmann, dessen einzige körperliche Aktivität darin besteht, täglich von seiner Haustür zur Garage und von seinem Wagen zu seinem Schreibtisch und wieder zurück zu gehen, hat daher Arterien, die nahezu immer in einem kontrahierten Zustand sind. Er meidet jede Art von körperlicher Belastung, denn er verzichtet sogar auf das Treppensteigen, wenn ein Aufzug da ist. Diese Flucht vor jeglicher Anstrengung findet sich keineswegs nur bei Menschen mittleren und höheren Lebensalters.

Wenn es Belastungen ausgesetzt wird, weitet sich das Gefäßsystem wie ein Ballon. Und wie bei einem Ballon, wird eine häufige Ausweitung und Kontraktion letztlich zu einer Dehnung des Systems führen, so daß es auf Dauer größer sein wird als im ursprünglich kollabierten Zustand.

Wenn Sie nahezu täglich eine halbe Stunde laufen, wird diese ständige Belastung zu einer größeren Elastizität führen, die Kapazität im normalen kontrahierten Zustand wird sich vergrößern, und daher wird die Durchblutung auf Dauer verbessert sein. Das ist im Grunde alles sehr einfach, aber es ist ein positiver Schritt, um sich vor unerwünschtem Cholesterol und vor Atheromen zu schützen.

Ein Herzspezialist sagte mir einmal, daß er davon überzeugt sei, daß jemand, der sein ganzes Leben lang inaktiv gewesen sei und dann 18 Monate lang 30 Minuten täglich laufe, damit rechnen könne, seine allgemeine kardiale Effizienz zu steigern. Also, warum fangen Sie nicht sogleich damit an?

Lassen Sie uns einen anderen Aspekt des Körpers betrachten, der durch Jogging eine deutliche Verbesserung erfährt — die roten Blutkörperchen. Die sind zwar klein, aber zahlreich vertreten. In einem Kubikmillimeter Blut sind 5 bis 6 Millionen enthalten, und ihre Gesamtoberfläche im Körper beträgt ca. 3 035 m², was 15 mal mehr ist als die Gesamtoberfläche des Körpers.

Ihre Hauptaufgabe besteht darin, eine Substanz namens Hämoglobin zu transportieren, die sich im Blut mit dem Sauerstoff verbindet und in dieser Form den Energiestoff des Körpers, das Glykogen, oxydiert. Glykogen wird in der Leber und in den Muskeln gespeichert, und seine Effizienz hängt von der Fähigkeit des Blutes ab, ihm den Sauerstoff, den es zur Oxydation benötigt, zuzuführen.

Solange der Grad der muskulären Aktivität nicht allzu hoch ist, reicht die normale Sauerstoffaufnahme aus, was nicht mehr der Fall ist, wenn die Belastungen, wie z. B. bei einem schnellen 5000-m-Lauf, höher sind. Unter diesen Bedingungen wird das Glykogen nicht oxydiert, sondern verwandelt sich in Milchsäure, eine Reaktion, die zwar Energie liefert, jedoch keinen Sauerstoff benötigt. Diese Reaktion kann nicht lange anhalten, denn durch die Anhäufung der Milchsäure kommt es zu einer Muskelermüdung und letztlich zur Einstellung der Muskelkontraktionen.

Dieser Zustand wird Sauerstoffschuld genannt, und es handelt sich um einen Zustand, der dazu führt, daß Untrainierte gebremst werden, wenn sie zum ersten Mal laufen, und der in der Tat jede sportliche Anstrengung reguliert.

Der Punkt, an dem die Sauerstoffschuld eintritt, wird maximales Steady State (Sauerstoffgleichgewicht) genannt, und mein Langstrecken-Trainingsprogramm ist primär darauf ausgerichtet, dieses Steady State kontinuierlich zu verbessern, so daß Belastungen länger beibehalten und gesteigert werden können, ohne daß der Athlet eine Sauerstoffschuld eingeht.

Zwei andere Wörter, die mittlerweile den meisten Athleten vertraut sind, sind aerobes und anaerobes Laufen. Die Belastung ist aerob (d. h. mit Sauerstoffverbrauch einhergehend) und erwünscht sowohl beim Langstreckentraining als auch beim Jogging, wenn Sie zwar unterhalb, aber dennoch so nahe wie möglich an Ihrem maximalen Steady State laufen. Sie ist anaerob (d. h. ohne Sauerstoffverbrauch einhergehend), wenn das Lauftempo das maximale Steady State übersteigt und Sie eine Sauerstoffschuld eingehen.

Athleten haben in ihrem Training Abschnitte, in denen sie sich über ihr maximales Steady State hinaus belasten und anaerob laufen müssen. Jogger sollten dies vermeiden — das Geheimnis ihres aeroben Lauftrainings besteht darin, daß es dazu führt, daß das maximale Steady State systematisch und ohne unangenehme Begleiterscheinungen immer höher steigt und bessere Leistungen bei kaum größerem Einsatz ermöglicht.

Der Zustand der Sauerstoffschuld muß bewußt vermieden werden. Auf unsinnige Spurts über die letzten 100 m sollten Sie daher verzichten. Auch Wettrennen mit Ihren Laufkameraden, um zu sehen, wer am besten in Form ist, sollten Sie nicht durchführen.

Ich kam zu meinen Schlußfolgerungen das maximale Steady State betreffend lange bevor ich mit Sportmedizinern und Physiologen in Kontakt kam, die mir helfen konnten. Ich habe mich mittlerweile selbst mit der Physiologie des Laufens befaßt, indem ich meine praktischen Erfahrungen mit ihren Theorien verglich.

Die meisten von uns fühlen sich gut, so lange sie jung sind und einen hohen Energieumsatz haben. Aber wenn sich unser Energieumsatz senkt, fahren wir fort, energiereiche Nahrungsmittel zu uns zu nehmen und uns im Übermaß vollzustopfen. Solange wir das tun, können wir mit Atheromen, Cholesterol, überbelasteten Herzen und all den anderen Problemen, die ein logisches Resultat des Aufbaus von Fettablagerungen in unserem Körper sind, rechnen.

Zu viele von uns begehen im Alter den Fehler, das Herz zu schonen. Wir vermeiden Belastungen, weil wir Angst haben, uns zu überlasten. Wir vergessen, was wir während unserer Jugend gedankenlos akzeptierten — daß der Körper die Fähigkeit besitzt, wesentlich größere Belastungen zu ertragen, als wir ihm zutrauen oder zumuten wollen.

Wie wäre es sonst möglich, daß ein 65jähriger, der ein aerobes Training durchführt, plötzlich imstande ist, einen vollen Marathonlauf zu bewältigen, obwohl er fünf Jahre vorher noch nicht einmal davon geträumt hat, eine Viertelmeile zu laufen, und sogar davor scheute, sie zu gehen? Er hat dasselbe Herz und denselben Körper; er hat jedoch alles getan, um ihn wieder in Form zu bringen und ihm einiges seiner verlorenen Jugendlichkeit wiederzugeben.

Ein Arzt sagte mir einmal: »Jeder hat irgendwann einmal in seinem Leben eine blockierte Arterie.« Er hatte die Muskeln von Toten intensiv studiert und hatte herausgefunden, daß es in der Muskulatur von Ex-Athleten und Menschen, die ein körperliches aktives Leben geführt hatten, an bestimmten Stellen Anzeichen von Blockierungen gab. Er fand bei diesen Menschen jedoch auch ein sehr viel komplexeres Gefäßsystem als bei sitzend tätigen Personen, welches das Umgehen von Problemgebieten ermöglichte, ohne daß die körperlich Aktiven überhaupt jemals erfuhren, daß ihr Gefäßsystem Schwachstellen aufwies.

Dieser Arzt kam auch zu der Erkenntnis, daß Jogging einen langfristigen Effekt hat. Selbst wenn man nach einer gewissen Zeit damit aufhört, halten die positiven Auswirkungen des Jogging fast unbegrenzt lange mit nur geringen und langsamen Abschwächungen an. Auch ich kam zu dieser Erkenntnis. Sowohl der Ex-Athlet als auch der sitzend Tätige können Thrombosen erleiden; der Aktive hat jedoch eine viel größere Chance, den damit zusammenhängenden Schwierigkeiten zu entgehen.

Das ist eine kurze und vereinfachte Erklärung dessen, was in unserem Körper geschieht, wenn wir uns sportlich betätigen bzw. körperlich inaktiv sind. Die beschriebenen Reaktionen sind nur ein Teil der insgesamt auftretenden positiven Effekte — die Dehnung, Lockerung und Kräftigung unserer Muskeln, die Entwicklung einer angepaßten Muskelfaserstruktur sowie die positiven Auswirkungen auf alle anderen Körperreaktionen. Diese Reaktionen sind alle erstrebenswert, aber für Menschen, die auch im Alter fit bleiben wollen, sind leistungsfähige innere Organe wesentlich wichtiger als alle Muskeln in der Welt.

Menschen, die gesund bleiben wollen, brauchen keine große Muskelmasse. Was sie brauchen, ist ein gesundes Atmungs- und Kreislaufsystem. Um das zu erlangen, müssen sie ihren Sport sorgfältig aussuchen und sich auf die Formen beschränken, die den größten Beitrag zum Aufbau und zur Entwicklung der wichtigen Systeme leisten.

Denken Sie auch daran, daß das Herz-Kreislauf- und Atmungssystem eng zusammenhängen und gemeinsam dafür sorgen, daß das Gewebe mit Sauerstoff versorgt und das Kohlendioxyd abtransportiert wird.

Jogging beeinflußt diese Systeme direkt, indem es die Hämoglobinkonzentration des Blutes hebt und damit gleichzeitig die Aufnahme, den Transport und die Ausnutzung des Sauerstoffs verbessert, das arterielle System vergrößert und erweitert, die Kapazität des Herzens vergrößert und parallel dazu seine Belastung senkt, Abfallprodukte hinausschwemmt und die Durchblutung des Körpers, vor allem die Herz-Lungendurchblutung, verbessert.

Kontrollieren Sie jetzt Ihren Puls. Legen Sie sich entspannt zwei Minuten lang auf den Boden, und zählen Sie Ihre Pulsschläge eine ganze Minute lang. Ihr Puls kann sich durchaus von dem anderer Menschen unterscheiden, aber das ist egal. Kontrollieren Sie Ihren Puls regelmäßig während Ihres Jogging-Programms. Wenn Ihre Ruhepulsfrequenz sich stetig erniedrigt, sind Sie auf dem richtigen Weg.

9. Wie man mit dem Joggingprogramm beginnt

Bevor Sie mit dem Jogging beginnen, merken Sie sich folgendes:

1. Suchen Sie vor Trainingsbeginn Ihren Arzt auf, erklären Sie ihm, was Sie zu tun beabsichtigen, und bitten Sie ihn um eine genaue Untersuchung. Es gibt Dinge, die ein risikoloses Laufen beeinträchtigen können. Sie sollten diese Risikofaktoren kennen, bevor Sie in Ernstsituationen mit ihnen konfrontiert werden. Sie brauchen also zunächst einen medizinischen Freibrief.

2. Joggen ist Training, und Training bedeutet immer: **Nicht überlasten!**

3. Es ist leicht, schneller zu laufen, als Ihnen zuträglich ist. Sie sollten jedoch langsam laufen. Denken Sie immer daran: **Sie können nie zu langsam laufen!**

Jogging ist mit einem Geschäft, dem man nachgeht, vergleichbar: Wenn Sie auf Dauer gesund bleiben wollen, müssen Sie daran arbeiten. Aber es sollte keine lästige Pflicht sein.

Es ist wichtig, daß man zunächst seinen Arzt ins Vertrauen zieht. Einige Herzprobleme lassen kein Jogging zu, einige andere sind bedeutungslos. Ein über 60jähriger neuseeländischer Läufer nahm an mehreren Marathonläufen teil, ohne jemals von dem Rennarzt eine Lauferlaubnis erhalten zu haben, denn es waren deutliche Herzgeräusche bei ihm feststellbar. Er mußte ein spezielles Zertifikat seines eigenen Arztes beilegen, der seine Beschwerden kannte und wußte, daß es ihm nicht schadete, 42 km in dem von ihm selbst gewählten Tempo zu laufen. Natürlich werden für Marathonläufe keine medizinischen Zertifikate mehr verlangt.

Selbst wenn Sie ein erfahrener Jogger geworden sind, sollten Sie nicht zögern, mit Ihrem Arzt in Kontakt zu bleiben — nur zur Absicherung, und damit er hin und wieder untersucht, inwieweit sich Ihre Kondition verbessert hat.

Neuseeland gibt pro Jahr ca. 16 Millionen Dollar für die Kranken- und Sozialversicherung aus. In den USA wurden alleine im Jahr 1973 22 Milliarden Dollar für die Behandlung von Herzpatienten ausgegeben. Es sieht so aus, als ob wir versuchten, unsere nationale Gesundheit mit Drogen beizubehalten, wenn wir doch in Wirklichkeit das Geld viel sinnvoller verwenden könnten; z. B. für die Erziehung der Menschen, sich aktiv um ihre körperliche Gesundheit zu kümmern, bevor sie den Punkt erreichen, wo sie Hilfe benötigen. Wenn wir so handeln würden, würden wir nicht nur Geld sparen, wir hätten auch eine gesündere Bevölkerung.

Ich habe bereits an früherer Stelle erwähnt, daß die meisten Neuseeländer, und möglicherweise auch die Bewohner anderer Länder, aufhören, Sport zu treiben, wenn sie Ende 20 oder Anfang 30 sind. Für die nächsten 15 oder 20 Jahre tun sie dann in der Regel nichts Anstrengendes mehr. Schließlich bekommen sie Gewichtsprobleme, ihr Blutdruck steigt, und alle anderen Symptome von Herz-Kreislauf-Krankheiten tauchen auf.

Daher können wir nicht deutlich genug darauf hinweisen, daß es sinnvoll ist, zuerst den Arzt aufzusuchen und sich einer ärztlichen Untersuchung zu unterziehen, bevor man mit dem Fitneßtraining beginnt.

Ihr wichtigstes Jogging-Utensil sind die Schuhe. Es gibt nichts wichtigeres. Sie müssen bequem und mit einer guten Gummisohle (vor allem im Absatzbereich) gepolstert sein. Das Gummi sollte eine mittlere Festigkeit besitzen. Wenn man hartes Gummi fallenläßt, prallt es nicht zurück. Auch weiches Gummi prallt nicht zurück. Was sie brauchen, ist ein halbmikrozellulares Gummi, welches zurückprallt, wenn Sie es fallenlassen. Das ist sehr wichtig für jeden, der beabsichtigt, einen hohen Meilenumfang laufend oder joggend zurückzulegen.

Die bloße Tatsache, daß ein Schuh eine dicke Gummisohle hat, bedeutet noch nicht, daß er auch gut schützt. Die Rückseite der Fersenkappe darf nicht in die Achillessehne drücken, und die Ferse sollte nicht abgeschnitten werden; denn wenn Sie korrekt aerob laufen, wenn Sie also über die Ferse zur großen Zehe hin abrollen, wird zuviel Profilierung zu Stauchungen im hinteren Fußbereich führen, worunter Ihre Fußgelenke, Knie- und Hüftgelenke sowie der Lendenwirbelsäulenbereich leiden können. Es ist gut, einen leicht gebogenen Absatz zu haben, sofern sich direkt unter dem Absatz gutes Gummi befindet.

Die Waffelsohle ist ideal, wenn man auf Waldwegen und Grasböden läuft; auf der Straße läuft sie sich jedoch schnell ab, und die Bodenhaftung läßt erheblich nach. Je mehr Sohle man auf die Laufunterlage bringen kann, desto größer ist die Haftung. Denken Sie an den Traktorfahrer — er benutzt die breitesten und dicksten Reifen, um eine 100 %ige Bodenhaftung zu erreichen. Das gleiche gilt für Laufschuhe. Der Haftungsverlust bei Waffelsohlen ist besonders ausgeprägt bei nassem Untergrund.

Suchen Sie Ihre Schuhe sorgfältig aus. Seitdem das Jogging zum Lebensinhalt von Tausenden von Männern und Frauen geworden ist, ist der Schuhmarkt mit allen möglichen Schuhen für das Laufen, Joggen, sei es auf der Straße oder auf der Bahn, überschwemmt worden. Es gibt teure und billige, ausgezeichnete und wertlose Laufschuhe. Einige sehen zwar gut aus, sind jedoch zu wenig gepolstert oder geben dem Fuß bei langen

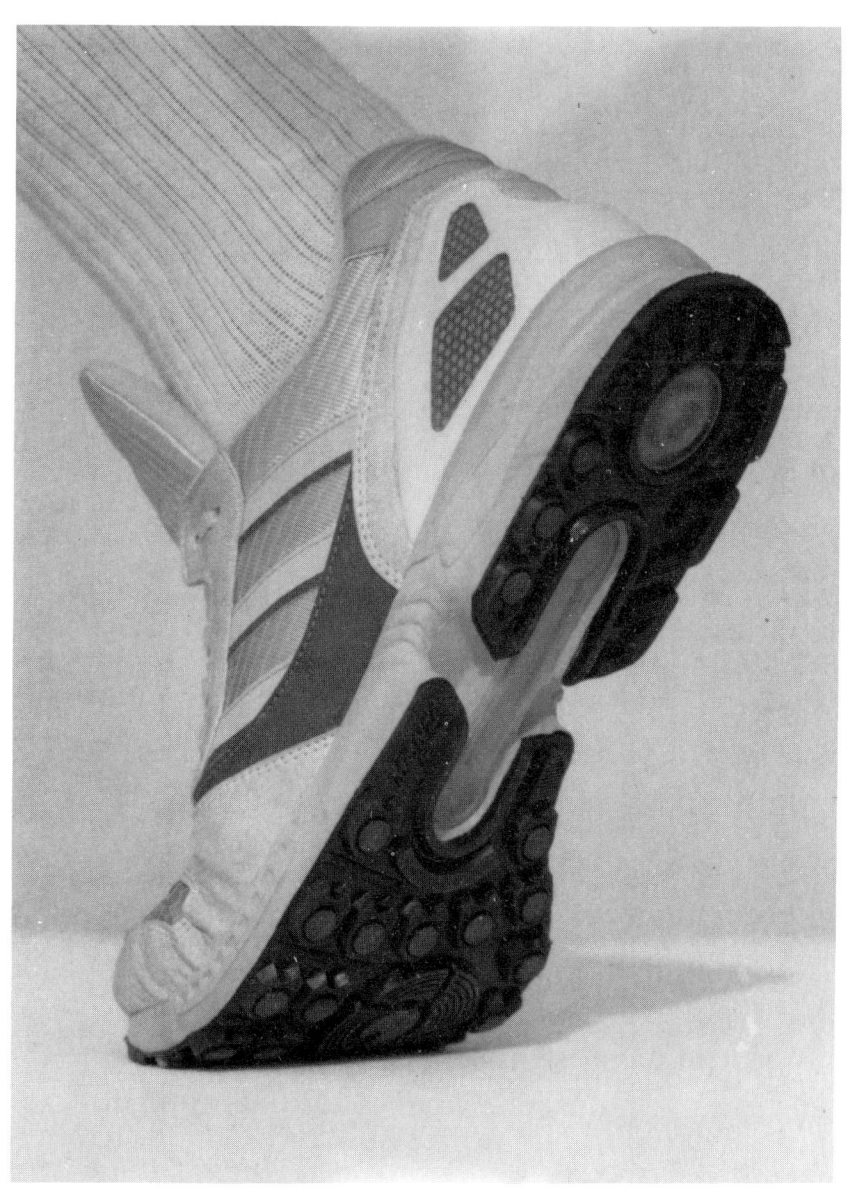

Läufen zu wenig Halt. Wählen Sie sorgfältig aus, bevor Sie kaufen, und machen Sie sich darauf gefaßt, beim Kauf von Laufschuhen vielleicht ein wenig mehr Zeit zu verwenden, als sie geplant haben.

Ihre Schuhe dürfen weder zu locker noch zu fest sitzen. Ihre Füße schwellen während des Laufs an, und wenn Ihre Schuhe zu fest sitzen, bekommen Sie mit Sicherheit Blasen. Das gleiche trifft auf die Socken zu. Versichern Sie sich, daß sie weder Löcher, noch Stopfstellen haben, die Reibung und damit Blasen verursachen könnten, und versichern Sie sich auch, daß sie in Ihren Schuhen keine Falten werfen.

Der vordere Teil der Schuhe muß den Zehen ausreichend, aber auch nicht zuviel Platz bieten. Wenn die Schuhe zu groß sind, können Sie Blasen an der Fußinnenseite bekommen.

Einige Schuhe sind überspannt, d. h., der vordere Teil des Schuhs liegt flach auf dem Boden auf. Das Oberleder wird sicherlich auf Ihre Zehennägel drücken, und Sie könnten sie verlieren.

Viele Schuhe sind auf einem geraden Leisten gefertigt. Ihr Fuß hat jedoch eher die Form einer Banane. Sie werden also in derartigen Schuhen Druckstellen auf der Außenseite der großen Zehe und auf der Innenseite der Ferse bekommen. Um diesen Mangel auszugleichen, setzen manche Schuhhersteller ein hartes Versteifungsstück in den Schuh ein, was dazu führt, daß der Vorderteil des Fußes über den Sohlenrand nach außen drückt. Da Ihr Fuß während des Laufens sowieso nach außen drängt, kann es soweit kommen, daß Ihr Fuß ganz nach außen rutscht, was zu Fußgelenks- und Knieproblemen führen kann. Mit Sicherheit führt es jedoch zu einem übermäßigen Schuhverschleiß. Das Zusammentreffen von geradem Leisten und bananenförmigem Fuß ist der Hauptgrund dafür, daß viele Läufer Einlagen brauchen, um Balance in einem Schuh zu erreichen, der im Grunde keine Balance ermöglicht.

Fußpflege ist sehr wichtig. Wenn Sie unklug sind und es zu Blasen und Abschürfungen kommen lassen, können Sie zahlreiche Trainingstage und damit auch Ihre Motivation verlieren.

Selbst die Art, wie Sie Ihre Schuhe schnüren, ist wichtig. Die beste Methode ist nachfolgend dargestellt. Alle anderen Schnürmethoden führen zu Druckstellen auf der Oberseite des Fußes, die sehr schmerzhaft werden können, wenn Ihr Fuß anschwillt.

Wenn es Ihnen möglich ist, beginnen Sie Ihr Lauftraining auf Rasen, vorausgesetzt der Boden ist nicht zu weich. Grasboden belastet die Beine und Füße des Anfängers weniger, besonders dann, wenn er übergewichtig ist. Die unteren Extremitäten werden am meisten belastet, und sie bedürfen folglich der größten Aufmerksamkeit, bis sie sich an die Belastung gewöhnt haben.

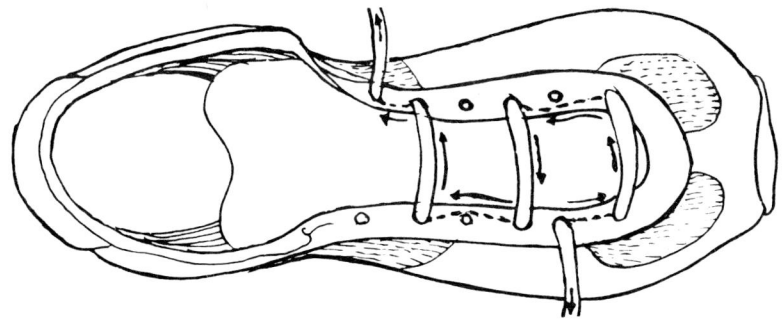

Die Bewegungen Ihrer Füße sind wichtig. Sie sollten mit einem nahezu flachen Fuß aufsetzen, zuerst mit der Ferse und dann über die große Zehe abrollen. Einige Läufer, die ein hohes Fußgewölbe und gespannte Achillessehnen haben, brauchen wahrscheinlich eine Absatzerhöhung, um die Sehnenbelastung zu reduzieren. Viele neigen dazu, auf dem Vorderfuß zu landen, was zu einem leichten Bremseffekt führt. Das führt zu Blasen, Schienbeinreizungen und Wadenschmerzen. Die Absatzerhöhung wird Ihnen helfen, korrekt aufzusetzen.

Weil beim Jogging im Gegensatz zum Sprint die Vorwärtsbewegung nicht schnell ist, braucht der Körperschwerpunkt länger, um über das Führungsbein zu gelangen. Aus diesem Grunde ist es besser, über die Ferse abzurollen. Einige Läufer sind nicht in der Lage, diese Abrollbewegung auszuführen; sie sollten daher auf Gras- oder Waldwegen laufen, wo weniger Bodenhaftung auftritt.

Übergewichtige Läufer könnten feststellen, daß ihre Knöchel anschwellen. Sie können dem durch das Tragen von stützenden Binden und durch fußgelenkkräftigende Übungen entgegenwirken. Hierauf wird später noch näher eingegangen.

Ihre Laufkleidung ist weniger wichtig als ihre Schuhe; beachten Sie jedoch folgende Punkte: Die Kleidung sollte locker sitzen, ohne zu 'schlabbern'. Vermeiden Sie enge elastische Bänder, und auch die Hose sollte in der Taille nicht zu eng geschnürt sein. Shorts sind besser als lange Trainingshosen, weil sie mehr Bewegungsfreiheit geben. Sie sollten aus weichem Gewebe sein, das nicht scheuert. Bei Regen und Wind ist eine locker sitzende Windjacke zu empfehlen. Wenn Sie sich jedoch zu dick anziehen, wird es Ihnen bereits nach kurzer Zeit zu warm werden, und Sie werden sich der unnötigen Kleidungsstücke nach den ersten Kilometern entledigen. Wählen Sie Ihre Kleidung den Witterungsverhältnissen entsprechend aus. Wirklich warme Kleidung brauchen Sie eigentlich erst nach dem Lauf, um sich vor Erkältungen zu schützen.

Jogger, die zu Beginn schnell Gewicht verlieren wollen, sollten zusätzliche Kleidungsstücke tragen, um das Schwitzen zu provozieren. Die höhere Körpertemperatur entzieht den arbeitenden Muskeln Blut und setzt das Herz einer größeren Belastung aus. Tragen Sie Kleidung, die den Witterungsbedingungen angepaßt ist und Sie während des Laufs nicht stört. Anfangs wird der Gewichtsverlust durch Jogging nicht spektakulär sein. Sie schwitzen vor allem Wasser aus, welches Sie fast genauso schnell wieder zuführen, wie Sie es über den Schweiß ausscheiden.

Wenn Sie an Fitneß gewinnen, wird Ihr Körper widerstandsfähiger werden und kann besser mit kalten und nassen Bedingungen umgehen. In der Anfangsphase Ihres Jogging-Programms können Wollsocken und Schutzbänder um Ihre Knöchel (keine festen elastischen Bänder!) sowie Knieschoner dazu beitragen, daß Ihre Gelenke warm bleiben, bis sie sich wieder daran gewöhnt haben, richtig zu arbeiten.

Für Frauen gibt es heute spezielle Büstenhalter, es gibt Goretex-Anzüge für äußerst widrige Bedingungen, und im allgemeinen ist die Palette an Jogging-Anzügen so groß, daß, egal bei welchem Klima Sie laufen, Sie keine Schwierigkeiten haben dürften, immer richtig angezogen zu sein.

Eine Warnung an die Männer: Sie können sich bei bestimmten Materialien Ihre Brustwarzen aufscheuern. Schützen Sie sich davor mit Vaseline oder einem ähnlichen Einreibemittel, oder kleben Sie ein Pflaster auf Ihre Brustwarzen. Aufscheuern im Bereich der Leisten und der Achseln läßt sich durch Einreiben mit einer Creme verhindern.

Sie können Muskelkater bekommen, aber das ist nichts, worüber Sie sich Sorgen zu machen brauchen. Solange Sie verstehen, was mit Ihnen passiert, braucht der Muskelkater Sie nicht am Laufen zu hindern. Als wir unsere »Versuchsjogger« im Jahre 1961 auf die Strecke schickten, waren einige von ihnen bereits 20 oder 30 Jahre lang nicht mehr gelaufen, und sie wurden vor Muskelkater gewarnt. Sie bekamen ihn auch, hörten aber nicht auf zu laufen — und der Muskelkater ging wieder weg.

Muskelkater kann ein gutes Zeichen sein, denn er deutet darauf hin, daß sich in Ihrem Körper etwas zum besseren hin verändert. Ursachen

von Muskelkater können u. a. das Öffnen verschlossener Kapillaren und vereinzelt auftretende Muskelfaszienrisse sein.

Eine andere Ursache ist die Anhäufung zerstörter und verbrauchter Blutzellen, weil Ihre Muskeln nicht in der Lage sind, mit Abfallprodukten und der Sauerstoffschuld umzugehen. Jogger, die noch nicht sehr fit sind, verfügen über zuwenig Hämoglobin, sammeln schnell Laktat in ihrem Blut und ihren Muskeln an und spüren die resultierenden Reizerscheinungen. Sie können auch Schmerzen im Bereich der Brustmuskulatur bekommen. Die Ursache hierfür sind Muskelzerrungen, die auf die verstärkte Armtätigkeit zurückzuführen sind.

Dem Muskelkater nachzugeben, wäre falsch. Er ist eine notwendige Hürde, die genommen werden muß, und Sie werden sie schneller und mit einem Minimum an Unwohlsein überwinden, wenn Sie sich zum regelmäßigen Jogger entwickelt haben, der darauf vorbereitet ist, leichte Anfangsschmerzen zu vertragen.

10. Auf Ihrem Weg

Wenn Sie in einer Gruppe joggen, lassen Sie das Joggen nicht in einen Ausdauertest oder einen Wettkampf ausarten. Lassen Sie sich nicht von Läufern beeinflussen, die schneller als Sie sind. Aus Gründen, derer Sie sich nicht zu schämen brauchen, sind Sie im Hinblick auf die Entwicklung der Ausdauer anderen Läufern unterlegen. Genauso gut können Sie schneller Leistungsfortschritte erzielen als Ihre Mitläufer, und auch Sie sollten sie nicht dazu verleiten, sich zu hoch zu belasten.

Erkennen Sie Ihre eigenen Fähigkeiten, und verhalten Sie sich entsprechend. Sie laufen aus bestimmten Gründen, und das hat nichts damit zu tun, anderen zu zeigen, daß Sie besser sind. Sie zielen nicht darauf ab, die Meile unter vier Minuten zu laufen, sondern Sie wollen nur Ihre Gesundheit verbessern und fit bleiben — beides erreichen Sie nicht, wenn Sie sich auf Wettrennen mit Ihren Kameraden einlassen. Der Trainingsprozeß sollte allmählich und innerhalb Ihres eigenen Steady States ablaufen.

Wenn Sie der Schnellste in Ihrer Gruppe sein sollten, tut es Ihnen auch nicht weh, sich im Tempo den anderen anzupassen. Sie können zum Schluß immer noch eine Extrarunde um den Häuserblock laufen. Diese zusätzliche Strecke wird Ihnen ohnehin besser tun als ein höheres Tempo.

Wenn sich jeder daran hält, können der 30jährige und der 60jährige zusammen joggen, und sie haben beide gleichviel davon. Wenn einer von ihnen oder beide einmal eine Pause einlegen und ein Stück gehen müssen, werden beide sich noch immer nur Gutes zufügen. Langsamere Jogger werden nur Rückschritte erleiden oder ganz zusammenbrechen, wenn sie versuchen, mit schnelleren Joggern, die auf Schwächere keine Rücksicht nehmen, Schritt zu halten.

Ich versuche, jeden dazu zu ermutigen, sich dem Tempo des Langsamsten anzupassen. Das ist aufgrund unserer natürlichen Neigung zum Wettbewerb jedoch nicht immer leicht. Jogging sollte eine kooperative, nicht-wettbewerbsorientierte Handlung sein, die auch in der Gruppe entspannt ausgeübt werden sollte. Wenn dies nicht der Fall ist, könnte es sein, daß irgend jemand in der Gruppe sich Schaden zufügt. Wenn Sie der Leidtragende sind, lassen Sie die anderen laufen, und bestimmen Sie Ihr Tempo selbst.

Keine körperliche Aktivität ist lohnenswerter als der Langstreckenlauf. Fragen Sie die Olympiasieger Halberg und Snell. Fragen Sie Barry Magee, der schon seit langem nicht mehr so intensiv läuft wie 1960, als er eine olympische Medaille im Marathonlauf gewann und einer der schnellsten 10 000-m-Läufer jener Zeit wurde, der jedoch heute als Mitvierziger noch locker Marathon unter 2:30 Stunden läuft. Fragen Sie jeden erfahrenen Jogger.

Es kostet nicht allzuviel Zeit, bis jemand eine halbe Stunde oder länger in dem von ihm selbst gewählten Tempo laufen kann. Jogger laufen allmählich und unbewußt immer schneller, je fitter sie werden — aber nicht, wenn sie versuchen, mit anderen, Schnelleren mitzuhalten.

Im April 1981 nahmen 2 736 Läufer am Marathonlauf rund um den Rotorua-See in Neuseeland teil. Dieses Rennen findet jährlich statt, und als es 1965 zum erstenmal ausgetragen wurde, nahmen nur 16 Läufer teil. Von den Teilnehmern im Jahre 1981 waren 323 Männer zwischen 40 und 45 Jahre alt, 206 waren zwischen 45 und 50, 107 zwischen 50 und 54, 41 zwischen 55 und 59, und 15 waren älter als 60. Insgesamt liefen 303 Frauen mit, von denen 102 älter als 35 waren. 2 548 Läufer erreichten das Ziel.

Auffallend war, daß es den Joggern im Feld gelang, besser auszusehen als die Leistungsläufer, denn sie hatten es nicht darauf abgesehen, andere zu schlagen, sondern wollten nur ihre eigene Leistungsfähigkeit unter Beweis stellen. Sie hatten sich ihre Ziele im Hinblick auf die Laufzeit und den Anstrengungsgrad selbst gesetzt und teilten ihren Lauf so ein, daß sie diese Ziele auch erreichten.

Wenn Sie anfangen zu joggen, sollten Sie nicht sogleich darauf abzielen, einen Marathonlauf zu bestreiten, nur um sich selbst etwas zu beweisen. Das ist nicht nötig, um fit zu werden bzw. zu bleiben. Die Tatsache, daß viele Jogger Marathonläufe bestreiten, zeigt jedoch, was man durch schlichtes Joggen erreichen kann, wenn man die Grundlagen richtig versteht und sein Tempo innerhalb individueller Grenzen sorgfältig kontrolliert.

Dem außer Form befindlichen Jogging-Anfänger raten wir, zu Anfang nur kurze Strecken zu laufen; z. B. von Zuhause weg fünf Minuten und dann in gleichmäßigem Tempo wieder zurück. Wenn Sie für den Rückweg länger als fünf Minuten brauchen, haben Sie auf unangenehme Weise etwas Neues gelernt: Sie sind für einen Läufer Ihres konditionellen Zustandes zu schnell losgelaufen.

Ein Lauf von fünf Minuten scheint nicht lang zu sein; aber glauben Sie uns, wenn Sie zu schnell losgelaufen sind und die gleiche Strecke wieder zurücklaufen müssen, kommt Ihnen diese Zeit sehr lang vor.

Wie dem auch sei, wenn Sie das nächste Mal laufen, laufen Sie auf dem Hinweg langsamer. Versuchen Sie, die ganze Strecke in gleichmäßigem Tempo zurückzulegen — auch wenn es Ihnen so vorkommt, als ob Sie sich nur unwesentlich schneller als ein Spaziergänger bewegten. Wenn Sie 10 Minuten lang, ohne stehenzubleiben und ohne zu kämpfen, laufen können, versuchen Sie 7 1/2 Minuten hin und 7 1/2 Minuten zurück zu laufen. Der nächste Schritt sind 10 Minuten hin und 10 Minuten zurück. Jedes Mal, wenn Sie einen Lauf von einer gewissen Dauer problemlos bewältigen, fügen Sie ein paar Minuten hinzu. Sobald Sie die neue Distanz schaffen, fügen Sie wieder ein paar Minuten hinzu.

Haben Sie Geduld, und Sie werden überrascht sein, nach welch kurzer Zeit Sie in der Lage sind, eine halbe Stunde und länger zu laufen — und wirklich Spaß dabei zu haben.

Aber seien Sie gewarnt — sich von diesem Buch belehren zu lassen, ist viel einfacher, als aus negativen Erfahrungen zu lernen: Wenn Sie ungeduldig sind, brauchen Sie viel länger als nötig, um eine respektable Laufzeit zu erreichen. Wir meinen es ernst — und das haben wir unzählige Male bewiesen —, wenn wir sagen, daß es Ihnen sehr bald leicht fallen wird, ein oder zwei Stunden zu laufen, wenn Sie stets daran denken, innerhalb Ihrer eigenen Fähigkeitsgrenzen zu laufen, so daß Ihr Jogging locker und nicht verkrampft ist. Sie müssen ganz einfach vermeiden, eine Strecke zu laufen, für die Sie keinen konsequenten Leistungsaufbau betrieben haben.

Je nachdem, wie alt und wie fit Sie sind und wie ernsthaft Sie das Training betreiben, werden Sie einige Wochen oder einige Monate brauchen, um Ihr Ziel zu erreichen, und während dieser Zeit müssen Sie stets daran denken, kontrolliert zu laufen, d. h. so schnell, daß Sie Atemlosigkeit vermeiden. Bremsen Sie Ihre Neigung, zu schnell zu laufen, dann werden Sie früher oder später ganz sicher Ihr Ziel, nämlich Fitneß, erreichen.

Es kostet Sie nur ein paar Wochen Zeit, bis Sie ein erfahrener Jogger sind, der es als eine Herausforderung und als lohnenswert empfindet, gelegentlich eine Extrarunde um den Häuserblock oder einen zusätzlichen Kilometer zu laufen. All das werden Sie wahrscheinlich weniger anstrengend finden als zusätzliche 100 m in den ersten Wochen Ihres Joggingprogramms.

Es ist während dieser Aufbauperiode psychologisch besser, auf einer Zeit-Basis als auf einer Kilometer-Basis zu trainieren. Es ist nicht wichtig, wie lange Sie brauchen, um einen Kilometer zurückzulegen. Wichtig ist nur wie lange Sie, ohne sich zu überanstrengen, durchhalten. Ihr Tempo mit dem eines 4-Minuten-Meilenläufers zu vergleichen, ist kein Jogging mehr. Jogging bedeutet, Ihren heutigen 20-Minuten-Lauf mit dem 15-Minuten-Lauf der vergangenen Woche zu vergleichen.

Das Verhältnis von Kilometerumfang und Zeit ist beim Jogging nicht wichtig, es sei denn, es gelingt Ihnen, so gut zu werden, daß Sie an Altersklassenmeisterschaften teilnehmen.

Das ist die breite Basis, um das Jogging zu erlernen. Weil es so einfach ist, ist es auch riskant. Das Risiko besteht nämlich darin, daß Sie sich an Belastungen wagen, auf die Sie nicht vorbereitet sind und die Ihnen nicht gut tun. Die Vorteile, die Ihnen das Jogging bringt, stellen sich unbemerkt ein; man erreicht sie nicht dadurch, daß man sich quält.

Beginnen Sie locker, und machen Sie locker weiter. Das Ziel besteht darin, den Kreislauf sanft in Gang zu bringen, ohne eine Sauerstoffschuld einzugehen, die Sie erschöpft und Ihnen einen Muskelkater beschert. Geben Sie Ihrem Körper ausreichend Gelegenheit, die Vorteile, die das Training bringt, umzusetzen. Gehen Sie das Jogging nie so an, wie ein Bulle ein Tor in Angriff nimmt. Sie haben es in dieser Phase des Joggings nur mit einem Gegner zu tun — dem frühen Grab.

In diesem Anfangsstadium sind leichte Massagen, heiße Bäder und finnische Saunabäder stets vorteilhaft. Wenn Sie nicht gerade dabei sind, leichte Muskelverletzungen auszukurieren, halten Sie Ihre Muskeln so warm wie möglich.

Das Ziel besteht darin, regelmäßig den eigenen Fähigkeiten entsprechend zu laufen, wenigstens drei- bis siebenmal pro Woche — und das unabhängig davon, was Ihre Nachbarn und Kollegen imstande sind zu leisten. Andere mögen mit den Strecken, die sie zurücklegen, oder mit dem Tempo, das sie laufen, prahlen; aber wenn Sie das Jogging locker angehen, wie andere es vermutlich auch taten, als sie mit dem Training anfingen, dauert es nicht lange, bis der Muskelkater verschwunden ist — und dann laufen Sie ihnen allen davon. Die zusätzlichen Laufkilometer und -minuten stellen sich von selbst ein; genauso automatisch erhöht sich Ihr Lauftempo, und Sie werden angenehm überrascht sein, weil Sie sich trotz des höheren Tempos nicht mehr anstrengen als zuvor.

Einige von Ihnen werden größere Schwierigkeiten als andere haben, vielleicht aufgrund Ihrer Lebensweise, vielleicht aber auch, weil Sie im Hinblick auf Ihren Körperbau und Ihr Gewicht unsportlicher sind. Wenn Sie den ganzen Tag sitzen oder stehen, ohne sich soviel zu bewegen, daß Ihr Kreislauf in Schwung kommt, werden Sie das eine ganze Zeitlang spüren, denn es könnte gut sein, daß Sie während Ihres normalen inaktiven Tagesablaufs eine geringe Sauerstoffschuld eingehen. Sie müssen Ihren Vorbereitungsgrad bzw. Ihre ungenügende Vorbereitung erkennen, wenn Sie mit dem Jogging beginnen, und Sie müssen sich mental auf die Aufgabe einstellen, Ihre Anfangsschwierigkeiten zu überwinden.

Die Belohnung in Gestalt der zusätzlichen Ausdauer erlangen Sie über bewußtes Training. Die übrigen Vorteile stellen sich nahezu unbemerkt ein. Sie werden wahrscheinlich weniger rauchen, weniger Alkohol trinken und vernünftiger essen. Sie werden ein neues Körpergefühl erlangen —

Sie werden Ihre Gesundheit kritischer betrachten. Sie werden auch damit anfangen, Dinge zu tun, die Ihnen helfen, im Alltagsleben gesünder zu sein.

Wir glauben nicht, daß Menschen, die gerne rauchen und trinken, mit beidem sofort aufhören sollten, aber sie sollten beides einschränken. Weder zu rauchen noch zu trinken, trägt zu einem gesünderen Leben bei. Sehen Sie es so: Menschen, die nicht rauchen und trinken und sich nicht körperlich betätigen, werden jenen, die rauchen, trinken und sich in einem vernünftigen Umfang körperlich betätigen, an Fitneß unterlegen sein.

Wenn Sie nun mit einem stetigen Leistungsaufbau begonnen haben, könnten Sie sich fragen, ob es nötig ist, bis zu Ihrem Lebensende damit fortzufahren. Müssen Sie jetzt fortwährend Ihre Trainingsstrecken verlängern? Das bleibt ganz einfach Ihnen selbst überlassen. Aber wir wissen, daß, wenn Sie ein Jahr lang so trainieren, wie wir Ihnen raten, und dann aufhören, um zu Ihrer früheren Lebensweise zurückzukehren, es drei oder vier Jahre dauern wird, bis Ihre Pulsfrequenz wieder das Maß erreicht hat, daß sie vor Ihrem Trainingsbeginn hatte. Während dieser ganzen Zeit können Sie sozusagen im Freilauf fahren.

Wenn Sie 18 Monate lang jeden Tag 30 Minuten joggen, wird sich die Elastizität und Kapazität Ihrer Arterien verdoppeln. Die Degeneration, die mit dem Einstellen der Aktivität einsetzt, ist jedoch viel langsamer. Atherome werden nicht über Nacht zu einem ernsthaften Problem. Bis dahin vergehen Jahre. Das bedeutet ganz einfach, daß Sie, wenn Sie ein Jahr damit verbracht haben, Ihre Ausdauer auf ein hohes Niveau zu bringen, Ihre Anstrengungen zurückschrauben und das erreichte Maß an Ausdauer mit einem reduzierten Programm aufrechterhalten können.

Es ist wichtig, wenn Sie die Belastung reduzieren, daß Sie sich fest vornehmen, einmal in der Woche etwa eine Stunde lang zu laufen. Ich wage jedoch die Vermutung, daß Sie, wenn Sie sich einmal daran gewöhnt haben, täglich zu laufen, sich dagegen wehren werden, diese Angewohnheit aufzugeben oder das Laufen auch nur einzuschränken. Sie werden sogar Gewissensbisse bekommen, wenn Sie nur einmal mit dem Laufen aussetzen.

Jogging kann man mit Sparen vergleichen. Je mehr Sie investieren, desto höher sind die Zinsen. Und es ist viel besser, jeden Tag ein wenig zu investieren, als an einem Tag eine volle Stunde zu laufen, und dann drei oder vier Tage lang nichts mehr zu tun. Der Wert des einen Laufs pro Woche ist am größten, wenn Sie zwischenzeitlich regelmäßig kurze Strecken laufen. Das ist das allgemein anerkannte Prinzip, das meinen Trainingsplänen zugrundeliegt. Der siebte Tag jeder Trainingswoche —

und das Jahr hat wohlgemerkt 52 Trainingswochen — ist für den langen leichten Dauerlauf (24 bis 40 km) reserviert.

Es ist nicht unsere Absicht, aus Ihnen einen Marathonläufer zu machen, obwohl viele unserer Jogger diese Strecke erfolgreich bewältigt haben — einige von ihnen in unglaublich schnellen Zeiten für ihr Alter —, weil sie so sehr an der Entwicklung ihrer Ausdauer interessiert waren, daß sie sehen wollten, wozu sie fähig waren.

Der einmal in der Woche durchgeführte längere Lauf wird sich sehr schnell bezahlt machen. Er bewirkt, daß Sie sehr viel schneller ein gewisses Fitneß-Niveau erreichen. Es kann sein, daß Sie eine mentale Barriere durchbrechen müssen, die es Ihnen schwer macht, eine derart lange Zeit zu laufen, vor allem, wenn Sie alleine laufen. Wir empfehlen, diesen Lauf nicht auf einer 400-m-Bahn oder einer anderen kurzen Rundstrecke zu absolvieren. Das würde Ihnen sicherlich langweilig werden. Wählen Sie stattdessen eine Strecke, die im Hinblick auf Terrain und Landschaft Abwechslung bietet.

Sollte diese Strecke nicht wieder zu Ihrem Zuhause zurückführen, bitten Sie ein Familienmitglied oder einen Freund — falls diese nicht gerade mit Ihnen laufen —, Ihnen nach 45 Minuten mit einem Auto zu folgen. Wenn Sie solange gelaufen sind, wird Sie der Gedanke, daß jemand dabei ist, Sie abzuholen, dazu motivieren auszuprobieren, wie weit Sie noch laufen können, bis Sie eingeholt werden. Sie werden vergessen, wie lange Sie schon unterwegs sind. Aber versuchen Sie nicht, diese Extradistanz besonders schnell zu laufen.

Wenn Sie es erst einmal geschafft haben, einen derartigen langen Lauf zu absolvieren, werden Ihnen weitere lange Läufe keine Probleme mehr bereiten. Wahrscheinlich wird Sie bald die Frage beschäftigen, wie lange Sie eigentlich laufen können. Wir haben das schon oft erlebt. Tausende von Joggern sind z. B. schon 80-km-Strecken gelaufen. Millionen andere stellen fest, daß sie noch nie im wahren Sinne des Wortes fit waren; daß sie jetzt in einem besseren konditionellen Zustand sind als mit zwanzig, als sie noch nicht einmal in der Lage waren, eine, geschweige denn zwei oder drei Stunden lang zu laufen.

Und viele dieser älteren und weiseren Menschen haben festgestellt, daß sie draußen auf den Straßen und in den Parks immer mehr junge Männer und Frauen treffen, die ebenfalls die Botschaft von dem Nutzen täglichen Joggens vernommen haben.

11. Warum sich quälen, wenn man laufen kann?

Warum soll man laufen? Warum nicht Gymnastik und Gewichttraining in einer Turnhalle?

Lassen Sie es uns so sagen: Wir sind alle vielbeschäftigte Menschen mit wenig Zeit. Diese Zeit müssen wir möglichst gut nutzen. Wir wollen nicht, daß die Aufrechterhaltung unserer Fitneß zuviel Zeit kostet, genausowenig, wie wir wollen, daß unser schlechter Gesundheitszustand uns zuviel Zeit kostet.

Und wenn Sie sich selbst beweisen wollen, was der größte Vorteil ist, machen sie einmal das folgende kleine Experiment. Machen Sie ein paar Liegestütze. Sie kennen ja diese netten, kleinen Übungen — und wir trauen Ihnen etwa 20 zu, bevor Sie aufgeben. Wenn Sie aufstehen, werden Ihre Arme und Schultern ermüdet sein; dennoch sind Sie nicht erschöpft, und der Rest Ihres Körpers wird die Auswirkungen der Liegestütze überhaupt nicht spüren.

Gehen Sie jetzt hinaus, und laufen Sie eine halbe Meile. Das ist nicht viel, oder? Aber wie fühlen Sie sich danach? Wir wollen es Ihnen sagen. Sie werden an einem Zaun lehnen, wie eine Lokomotive schnaufen und sich fühlen, als ob man Ihnen eine glühende Stange in die Kehle gerammt und Ihre Lunge durchgewühlt hätte. Ihre Beine kommen Ihnen vor wie aus Gummi. Sie werden ausgiebig schwitzen, und Sie werden sich fragen, ob Sie wohl jemals wieder zu Atem kommen. So fühlte ich mich mit 27 und mein Co-Autor mit 36.

Der Lauf hat Sie nicht mehr Zeit gekostet als die Liegestütze, aber vergleichen Sie Ihre Körperreaktionen. Die Liegestütze waren eine große Belastung für Ihre Arm- und Schultermuskulatur, und sie führten zu einer geringfügigen Pulserhöhung. Der Lauf hingegen war eine Belastung Ihres ganzen Körpers und brachte Ihren Puls zum Rasen.

Wenn Sie dieses Experiment durchführen, werden Sie mit etwas konfrontiert, was im Zusammenhang mit Fitneß und Gesundheit am meisten zählt — nämlich mit dem Herz-Kreislauf-System. Es wurde Ihnen gezeigt, daß Sie beim Jogging die Organe beanspruchen, auf die es wirklich ankommt. Sie haben Ihren Kreislauf angeregt, und dazu wollten wir Sie bringen. Muskelpakete mögen vielleicht gut aussehen, aber sie nützen Ihnen wenig.

Da wir gerade bei diesem Thema sind, möchte ich ein Wort an die Damen richten: Jogging führt nicht zu einem übermäßigen Muskelzuwachs. Jogging hat in der Regel den gegenteiligen Effekt: Die Gliedmaßen werden durch Laufen feiner, geschmeidiger und wohlgeformter.

Wir geben zu, daß es an einem naßkalten Abend einladender ist, drinnen zu trainieren, als draußen naß zu werden; die vergleichsweise geringen Nachteile von Regen und Wind werden jedoch durch die Vorteile, die Ihnen Jogging auch bei diesem Wetter bringt, aufgewogen. Solange Sie sich warm anziehen und in Bewegung bleiben, brauchen Sie sich keine allzu große Sorgen um eine Erkältung zu machen. Sobald Sie Ihren Lauf beendet haben, nehmen Sie ein heißes Bad oder gehen Sie unter die heiße Dusche. Lassen Sie den Schweiß auf Ihrer Haut und Ihren Kleidern keineswegs kalt werden.

Es besteht sogar die Möglichkeit, daß Sie mit der Zeit immun gegen Erkältungen werden. Es ist sehr angenehm, inmitten von nießenden und sich schnäuzenden Menschen zu trainieren, ohne selbst krank zu sein und auch keine Angst zu haben, selber krank zu werden.

Das ist ein Effekt, den Sie in einer Turnhalle nicht erzielen. Es ist eine Tatsache, daß nicht nur beim Jogging, sondern auch beim Leichtathletiktraining generell die Trainer jahrelang nicht realisierten, daß zwischen Belastungen des Muskelsystems und Belastungen des kardiorespiratorischen Systems ein Unterschied besteht. Sie erkannten nicht, daß das kardiorespiratorische System der primäre Bereich ist, der angesprochen werden muß, wenn es darum geht, jemanden fit zu machen, ihm die Ausdauer zu geben und die Fähigkeit zu vermitteln, die Muskeln zu belasten, ohne allzu schnell zu ermüden. Die Frage lautet nicht, ob man zuerst die Kraft entwickeln soll, sondern der Schwerpunkt muß darauf liegen, das kardiorespiratorische System so zu trainieren, daß es in der Lage ist, über einen langen Zeitraum hinweg hart zu arbeiten.

Jedesmal, wenn Sie nach langem Sitzen aufstehen, leistet Ihr Herz Mehrarbeit. Das Herz hat aber auch die Fähigkeit, 20mal mehr zu leisten als in der Normalsituation, und das Ziel des Trainings besteht darin, dieses normale Arbeitsniveau auf die maximale Kapazität hin anzuheben. Das Ziel ist ein glücklicher Mittelweg, der darin besteht, daß das Herz hart genug belastet wird, um Herz-Kreislauf-Trainingseffekte zu erzielen, eine Sauerstoffschuld jedoch vermieden wird.

Jogging bedeutet, den Körper gegen die Schwerkraft nach oben zu treiben, eine Belastung, die vom Herz Mehrarbeit verlangt. Wie hart das Herz arbeitet, hängt von der Laufgeschwindigkeit ab. Beim Jogging ist das Tempo nicht hoch genug, um eine Erschöpfung des Herzens zu erreichen; Jogging bedeutet, das Herz gering, aber gleichmäßig über einen langen Zeitraum und nicht kurz und intensiv zu belasten.

Derjenige, der auf der Stelle steht und Gewichte stemmt, belastet sich zwar auch, aber nicht auf eine Art und Weise, die das Herz und damit das Kreislaufsystem gleichmäßig und kontinuierlich trainiert. Der Langstreckenschwimmer ist mit dem Läufer vergleichbar, obwohl das Belastungsmuster unterschiedlich ist: Das Körpergewicht ist im Wasser reduziert, und die Arme und Schultern tragen die Hauptbelastung.

Der Radfahrer bewegt auch ein reduziertes Körpergewicht, es sei denn, er steht in den Pedalen, um einen Berg besser hinaufzufahren. Solange er im Sattel sitzt, nachdem er das Fahrrad in Bewegung gesetzt hat, ist er einer verminderten Schwerkraft ausgesetzt. Das gleiche gilt für den Ruderer.

Im Vergleich mit diesen Sportarten, bei denen der Körper entweder künstlich unterstützt wird oder einige Körperpartien nur bedingt eine Funktion ausüben — z. B. die Beine des Ruderers und die Arme des Radfahrers — wird der Wert des Laufens offensichtlich. Laufen ist darüber hinaus die natürlichste Bewegungsform, es verlangt keine spezielle Ausrüstung, und der Läufer ist orts- und zeitunabhängig.

Läufer trainieren nicht nur ihr kardiorespiratorisches System, sie verbessern auch die Beweglichkeit ihrer Fuß-, Knie-, Hüft-, Schulter-, Ellenbogen- und Handgelenke sowie die Gelenkigkeit ihres Rumpfes und Nackens, indem sie beim Laufen ihren gesamten Körper kontinuierlich bewegen. Alle Bewegungen beim Laufen sind natürlich, d. h., der Körper ist für sie geschaffen.

Wir lehnen andere Sportarten nicht ab, besonders dann nicht, wenn sie für Menschen geeignet sind, die eine Sportart suchen, die ihnen dazu verhilft, das Leben länger in Gesundheit zu genießen, in einem Alter, in dem sie keinen Hochleistungssport mehr betreiben können.

Jede Sportart erfordert Ausdauer — und es ist heute allgemein anerkannt, daß das kontrolliert durchgeführte Laufen bzw. Jogging die Aktivität ist, die die für jede Sportart notwendige spezielle Ausdauer erhöht. Die heutigen Trainer und Athleten widmen dem allgemeinen Konditionstraining und der Entwicklung ihrer allgemeinen Ausdauer eine große Aufmerksamkeit. Erst danach beginnen sie mit Programmen zur Verbesserung der für ihre Sportart spezifischen Muskelaktivitäten und -fertigkeiten. Sogar für Sportarten, die nur saisonal betrieben werden, muß man heute an 365 Tagen im Jahr trainieren, indem man die Ausdauer entwickelt und leichte gymnastische Übungen durchführt, um die Muskeln, die bei der jeweiligen spezifischen sportlichen Aktivität am meisten gebraucht werden, auf sanfte Art zu trainieren.

Wenn die Saison näherrückt, wird das Laufen bis auf das gelegentlich eingeschobene erfrischende Traben eingeschränkt, und die Aufmerksamkeit wird den Übungen gewidmet, die die für die jeweilige Sportart kritischen Muskeln intensiv belasten. Das trifft auf alle Sportarten zu — Tennis, Squash, Golf, Cricket, American Football, Volleyball etc. Der Südafrikaner Gary Player, der erst nach einer langen Karriere mit 40 zum großen Golfer wurde, war ein leidenschaftlicher Jogger, der obendrein noch Gymnastik betrieb. Er hielt dadurch seine Fitneß, seine Reaktions- und Konzentrationsfähigkeit aufrecht, wodurch es ihm gelang, seine körperliche Unterlegenheit angesichts solcher Golfriesen wie Nicklaus, Palmer und Trevino auszugleichen.

Ausdauertrainierte Athleten beginnen das spezielle Training mit einem gut vorbereiteten kardiorespiratorischen System. Das erste Tennismatch oder Basketballspiel ermüdet sie nicht, und wenn das zweite ansteht, haben sie sich wieder regeneriert. Sie sind eher in der Lage als andere, die positiven Effekte des Trainings aufzunehmen und aus praktischen Spielerfahrungen zu lernen. Jogging ist nicht länger ausschließlich etwas für Bahn- und Straßenläufer — es hilft jedem, der in seiner jeweiligen Sportart besser werden will.

Bis jetzt haben die meisten Menschen gelebt, ohne sich über ihre wahren sportlichen Möglichkeiten im klaren zu sein. Sie haben den wichtigen Prozeß der körperlichen Vorbereitung nicht richtig in Angriff genommen. Ich bezweifle, daß Menschen mit einer normalen Pulsfrequenz wissen können, wie gut ihre sportlichen Leistungen sein könnten, solange sie ihre Pulsfrequenz nicht auf 50 Schläge pro Minute und darunter gesenkt haben. Solange ihre Pulsfrequenz höher ist, sind sie nach heutigen Maßstäben nicht fit, und wenn sie nicht fit sind, können sie sich wohl kaum auf feinere, technisch anspruchsvollere Fertigkeiten konzentrieren.

Wie kann sich z. B. ein Footballspieler auf das korrekte Spielen und Passen des Balls konzentrieren, wenn er seinen letzten 20-m-Sprint noch nicht verarbeitet hat? Wo soll er, wenn er krampfhaft nach Atem ringt, im Notfall die Kraft für einen zusätzlichen Spurt hernehmen, der ihn ungeachtet eines Tacklings und eines Blocks durch eine Lücke hindurch zur Mallinie bringt?

Wie können Cricketspieler zusätzliche Sprints durchführen, wenn sie körperlich und mental so erschöpft sind, daß sie außerstande sind, den gespielten Ball zu fangen oder abzuwehren, wenn er etwas härter als gewöhnlich gespielt wird?

Wie können Fechter eine Runde nach der anderen gegen immer stärkere Gegner bestehen, wenn ihre Muskeln anfangen zu schmerzen und immer langsamer reagieren, wenn sie so erschöpft sind, daß ihr normaler Stoß den Bruchteil einer Sekunde langsamer ist, als er sein könnte?

Wie kann der Golfer die entspannte Kontrolle ausüben, die er für den entscheidenden Schlag benötigt, wenn die Muskeln verhärtet sind und vor Müdigkeit zittern?

Wie oft ist jemand unterlegen, obwohl er keineswegs schlechter, vielleicht sogar noch besser als sein Gegner ist, nur weil es ihm an der nötigen Ausdauer fehlt?

Wie gelingt es Ihnen, sich weiterhin auf ein geschäftliches Gespräch, ein komplexes technisches Problem oder eine komplizierte Arbeitszeichnung zu konzentrieren, wenn Ihr Körper unter der Spätnachmittagsmüdigkeit zusammensinkt und Ihre Gedanken mehr mit der Möglichkeit des Sich-Ausruhens als mit dem eigentlichen Problem beschäftigt sind.

Ausdauer ist für alle Sportarten wichtig, denn es ist eine Tatsache, daß derjenige, der nach der Saison mit dem Training aufhört, langsam aber sicher an Kondition verliert. Wie im Geschäftsleben gehen Sie entweder vor oder zurück, und während es Ihnen als Jogger möglich ist, während bestimmter Abschnitte die Belastung teilweise oder ganz einzuschränken, können Sie sich dies als Leistungssportler bei dem heutigen hochintensiven Trainings- und Wettkampfbetrieb nicht mehr leisten. Mit jedem Trainingstag gewinnen Sie Vorteile gegenüber demjenigen, der nicht trainiert. Genauso erringen Sie an jedem Tag, an dem Sie joggen, einen Sieg gegen Ihren Hauptgegner, Ihr eigenes fortschreitendes Alter.

Aber lassen Sie uns wiederholen: Tempoläufe oder intensives Training bringen den Körper nicht so gut in Form wie eine vernünftige, gleichmäßige und langsame Belastung. Bei zu intensivem Training gehen Sie fortwährend eine Sauerstoffschuld ein, und der körperliche Zusammenbruch kann so gravierend sein, daß der Organismus keinen wirklichen Vorteil aus dem Training zieht. Menschen hingegen, die regelmäßig innerhalb ihrer persönlichen Möglichkeiten trainieren, die einen gleichmäßigen, aber minimalen Druck gegen bestehende körperliche und mentale Grenzen ausüben, werden ihre Leistungsfähigkeit stetig festigen und verbessern.

An dem Tag, an dem Sie damit anfangen, sich kaputt zu machen und zu quälen, beginnen Sie, Ihre Kondition zu zerstören. Das ist z. B. der Fall bei Athleten, die einen hohen Umfang an Schnelligkeitstraining absolvieren, ohne vorher eine Ausdauergrundlage geschaffen zu haben. Sie verlieren ihre Kondition so schnell wieder, wie sie sie erlangt haben. Vielleicht erreichen sie sehr schnell einen Leistungsgipfel, sie können ihn jedoch nicht so lange aufrechterhalten wie der ausdauertrainierte Athlet. Sie erreichen nur einmal einen Höhepunkt für kurze Zeit, und dann geht es abwärts mit ihnen. Der ausdauertrainierte Athlet erreicht seinen Leistungshöhepunkt langsam, hält ihn aber in Gestalt einer von Plateaus unterbrochenen Erfolgsserie solange er will. Der Anhänger des Schnelligkeitstrainings wird seines Trainings über kurz oder lang mental überdrüssig, weil es ständig weh tut.

Uns wurde vorgeworfen, daß unser Konzept von wöchentlich 160 km einen Athleten ausbrennen würde, weil es zuviel und daher schädlich sei. Im Alter von 32 Jahren jedoch setzte Murray Halberg seiner zwölfjährigen internationalen Karriere die Krone auf, als er sein schnellstes 10 000-m-Rennen lief. Auch heute noch ist Barry Magee in der Lage, einen Marathon unter 2:30 Stunden zu laufen. Und die Kritiker verstanden nicht, daß meine Athleten regelmäßig 300 und mehr Kilometer in der Woche liefen, indem sie der Basis von 160 Kilometern den gleichen Laufumfang in Gestalt von Erholungs- und Entspannungsläufen hinzufügten.

Sie werden sich vielleicht fragen, was all das mit Joggen zu tun hat. Es hat sehr viel damit zu tun, denn das sind genau die Prinzipien — wenn auch nicht die angesprochenen hohen Kilometerumfänge —, die wir auf Sie anwenden wollen, damit Sie fit bleiben. Das Ziel ist anders, der Weg dahin ist jedoch der gleiche. Sie wollen nicht schneller als jemand anders sein — aber ist es nicht schöner zu wissen, daß man vielleicht länger und glücklicher lebt als andere? Sie werden das nicht erreichen, wenn Sie Ihr Jogging-Programm wie ein schnelligkeitstrainierter, verrückter Sprinter angehen.

Gehen Sie das Jogging gemächlich, vernünftig und regelmäßig an, auf der Grundlage eines Verständnisses der Grundlagen, die genauso für die weltbesten Mittel- und Langstreckler gelten, und Sie werden ganz sicherlich einen beneidenswerten Fitneßstand erreichen. Die intensiveren Einheiten, die Sie gelegentlich einflechten, werden das Ganze beschleunigen und Sie eher ans Ziel bringen.

Wenn Sie erst einmal Ihren ersten Leistungsgipfel erreicht haben, werden Sie wie der marathon-trainierte Läufer mit bemerkenswert geringem Einsatz in der Lage sein, ihn zu halten und weiter darauf aufzubauen — und das Ganze wird Ihnen sehr viel Spaß machen. Es ist, als ob man auf einer guten Grundlage ein Feuer anzünden würde — man muß es nur mäßig schüren, um es am Brennen zu halten. Nehmen Sie sich nur Zeit, nachdem Sie erst einmal angefangen haben. Denken Sie stets daran, daß Sie Ihr ganzes Leben lang Zeit zum Jogging haben.

Einige Worte noch zur Lauftechnik, denn wie Sie laufen, macht den ganzen Unterschied aus, und wenn Sie von Beginn an diszipliniert vorgehen, können Sie Fehler verhindern. Wenn möglich, laufen Sie am Anfang auf möglichst flachem Untergrund, und warten Sie, bis Sie kräftig und locker genug sind, ehe Sie Bergläufe durchführen. Bergläufe sind für Ihre Muskulatur eine große Belastung, und während sie später zur schnellen Leistungsentwicklung beitragen, können sie beim Anfänger demoralisierend wirken. Das Bergablaufen kann außerdem bei untrainierten Bauchmuskeln zu Zerrungen führen.

Richtig zu laufen, ist so einfach, wie richtig zu gehen. Richtig gehen heißt aufrecht gehen, den Oberkörper sauber über den Hüften halten, die Arme entspannt und gerade durchschwingen, die Daumen auf einer Linie mit den Innenseiten der Schultern halten. Genauso sollten Sie auch laufen. Wenn Sie Ihre Hüften nach hinten schieben, beugen Sie sich automatisch nach vorne, was dazu führt, daß Sie Ihre Knie nicht hoch genug anheben können. Das wiederum führt dazu, daß Sie Ihre Schrittlänge verkürzen und Ihre Schrittfrequenz verringern. Sie können nicht mehr korrekt aufsetzen, d. h. von der Ferse über den Ballen abrollen.

Streben Sie das lockere Laufen bewußt an. Schultern, Nacken und Oberkörper sollten natürlich und entspannt gehalten werden, so daß Sie Energie sparen. Die Arme sollten tief gehalten und kaum bewegt werden, denn sie tragen wenig zum Laufen bei, sondern dienen hauptsächlich der Gleichgewichtserhaltung.

Sie sollten Ihre Füße genau auf einer Linie aufsetzen. Das können Sie kontrollieren, indem Sie über taufrisches Gras oder am Strand entlang laufen. Wenn Ihre Fußabdrücke nicht auf einer Linie liegen, könnte es sein, daß Ihre Haltung nicht ausbalanciert ist, und Sie verlieren mit Sicherheit unnötig Energie, indem Sie Ihren Körper zu sehr von einer Seite zur anderen bewegen anstatt geradeaus nach vorne gerichtet. Das ist zwar für den nicht-wettbewerbsmäßig laufenden Läufer nicht allzu wichtig, aber auch Sie sollten danach streben, in jeder Hinsicht technisch korrekt zu laufen.

Wir haben oft mit Läufern mittleren Alters zu tun, die darüber klagen, daß sie bei einer bestimmten Laufgeschwindigkeit, z. B. bei einem Kilometerschnitt von 5 Minuten, stehenbleiben, unabhängig davon, ob sie 5 oder 32 km laufen. Das liegt in der Regel daran, daß sie, wie wir sagen, beim Laufen »sitzen«. Ihre Beine sind stets gebeugt, sie richten sich beim Laufen nie auf und strecken das Abstoßbein nicht voll durch. Sie verlagern ihre Hüften nach hinten und behindern dadurch ihre Kniearbeit. Oft bewegen sie auch ihre Arme und ihren Oberkörper zu sehr, oder sie verspannen sich und halten ihren Oberkörper zu starr. Das führt zu einem Rollen der Schultern, und sie büßen an Vorwärtsimpuls ein. Sie beugen ebenfalls ihre Fußgelenke nicht genug bzw. benutzen sie gar nicht. Sie verzichten damit auf den potentiellen zusätzlichen Krafteinsatz trainierter Fußgelenke.

Jeder Läufer, unabhängig von Alter und Geschlecht, ist selbst schuld, wenn er seine Lauftechnik nicht verbessert. Eine gute Lauftechnik macht das Laufen um einiges leichter und befriedigender. Sie bewirkt, daß man bei weniger Energieaufwand erheblich mehr leistet. Eine schlechte Technik kostet sehr viel Energie und bringt gar nichts.

Gehen Sie also nach einem 15minütigen Aufwärmprogramm auf eine Bahn, und üben Sie das aufrechte Laufen mit hohem Kniehub und langen, lockeren Schritten über etwa 100 m. Am besten laufen Sie mit dem Wind, um unnötigen Widerstand zu vermeiden. Versuchen Sie, sich mit dem hinteren Bein und Fuß abzustoßen, erzwingen Sie jedoch nichts. Sie müssen versuchen, mit einer Geschwindigkeit zu laufen, die Ihnen ein Beibehalten des Gleichgewichts noch ermöglicht. Laufen Sie nicht mit maximaler Geschwindigkeit. Lassen Sie sich Zeit, um darüber nachzudenken, was Sie tun. Joggen Sie dann 300 m, und wiederholen Sie das Ganze einige Male. Wenn möglich, beauftragen Sie jemanden, der etwas von der Sache versteht, Sie zu beobachten, oder lassen Sie sich filmen. Das kann sehr viel Spaß machen, abgesehen von dem Nutzen, den es bringt.

Ein derartiges Training ein- bis zweimal pro Woche mit jeweils etwa zehn Wiederholungen hilft dem durchschnittlichen Läufer sehr schnell, seine Technik zu verbessern, und macht ihm deutlich, daß es nicht nur auf die Verbesserung der Kondition ankommt.

Die Beweglichkeit der Fußgelenke ist äußerst wichtig. Viele Läufer setzen ihre Fußgelenke nicht so ein, wie sie sollten. Sie neigen dazu, ihre Füße wie Räder zu benutzen, indem sie mit starren Fußgelenken abrollen und auf die Kraft, die von dem auf die Fußgelenkbeweglichkeit zurückzuführenden Abdruck der Ferse erzeugt werden kann, verzichten.

Versuchen Sie es. Wenn Sie das nächste Mal laufen, drücken Sie sich bei jedem Schritt von den Zehen und aus dem Fußgelenk ab, und Sie werden feststellen, daß Ihre Schrittlänge deutlich zunimmt. Lassen Sie sich jedoch warnen: Wenn Sie zu intensiv auf diese Art und Weise laufen, werden Sie sehr schnell ermüden, weil Sie auf diesen neuen Bewegungsablauf nicht vorbereitet sind. Ein exzellentes statisches Training zur Verbesserung der Kraft der Fußgelenke besteht darin, sich mit den Fußballen auf eine Stufe, einen Holzklotz oder einen Ziegelstein zu stellen und auf und ab zu wippen, wobei die Fersen den Boden berühren dürfen und dann wieder so hoch wie möglich angehoben werden müssen. Wenn Sie diese Übung mehrmals am Tag ausführen, wird sie Wunder bewirken.

Was das Laufen anbelangt, führen Sie sprungartige Bewegungen aus, wenn Sie bergauf laufen, führen Sie Sprungläufe aus, oder laufen Sie Treppen hinauf. All das sind hervorragende Übungen zur Verbesserung der Kraft und Beweglichkeit Ihrer Fußgelenke. Diese Übungen helfen Ihnen, sich von einem »Schlurfer« zu einem effizienten Jogger, und wenn Sie darauf abzielen, vielleicht sogar zu einem leistungsstarken Läufer zu entwickeln.

Die Übungen sind gleichzeitig sehr gut für übergewichtige Jogger geeignet.

12. In der Morgenkälte, in der kühlen Nacht, oder auf dem Weg zur Arbeit

Wann soll man laufen? Da es sich um eine aerobe Tätigkeit handelt, kann man zu jeder Tageszeit laufen, die einem persönlich liegt. Einige laufen lieber morgens als abends; sie müssen jedoch bedenken, daß der Körper einige Zeit zum Aufwachen braucht, nachdem man an einem kalten Morgen aus dem warmen Bett gekrochen ist. Der Puls ist sehr niedrig, und der ganze Körper wird sich dagegen wehren, daß man beabsichtigt, ihn im Galopp die Straße hinunter in das kalte Morgengrauen zu treiben.

Das alles kann dazu führen, daß man sich zu Beginn des frühmorgendlichen Laufs ungelenk und sogar schlecht fühlt, bis der Kreislauf richtig in Gang kommt. Ihr Stoffwechsel wird sich jedoch ganz von selbst auf das frühe Aufstehen und Laufen einstellen. Eine Tasse Kaffee oder Tee zum Wachwerden kann helfen.

Wenn Sie über die Anfangsschwierigkeiten hinweggekommen sind — und wir warnen Sie, es ist alles andere als leicht —, werden Sie keine weiteren Schwierigkeiten haben. Vor allem für denjenigen, der spät abends von der Arbeit nach Hause kommt und daher noch spät eine Mahlzeit zu sich nimmt, ist der morgendliche Lauf am besten geeignet. Es ist auch eine gute Übung zur Verbesserung der Selbstkontrolle und -disziplin.

Ich trainiere lieber vor dem Abendessen, denn es ist wichtig, mit einem einigermaßen leeren Magen zu laufen, und am Abend ist der Körper völlig wach. Nachts zu trainieren ist gut, wenn Sie auf beleuchteten, guten Straßen oder Wegen trainieren können. Sie müssen jedoch in diesem Fall immer warten, bis Sie das Abendessen verdaut haben, und das kann zwei bis drei Stunden dauern, wenn Sie viel essen. Neben dem Völlegefühl, das unverdaute Speisen bereiten können, nehmen diese Speisen Platz in der Nähe Ihres Herzens und Ihrer Lungen in Anspruch, den Sie brauchen können, wenn sich diese Organe unter dem Druck der Belastung ausdehnen. Bedenken Sie auch, daß der Verdauungsvorgang ungefähr ein Drittel des gesamten Blutvorrats beansprucht. Sie brauchen Ihr gesamtes Blut jedoch für die Zwecke der Sportübung.

Viele Jogger haben das Zeitproblem dadurch gelöst, daß sie während der Mittagspause laufen; aber dazu muß man am Arbeitsplatz eine Dusche und Umziehmöglichkeiten haben, und in der Nähe sollte ein Park oder eine ruhige Straße zum Laufen sein. Andere laufen zu ihrem Arbeitsplatz und wieder zurück, wenn Sie das Problem der sauberen, frischen Wäsche lösen können, wenn die Entfernung nicht zu groß und nicht zu gering ist, und wenn Sie an Ihrem Arbeitsplatz eine Dusche und

Umziehmöglichkeiten haben. Die Entscheidung, auf das Auto, den Bus oder den Zug sowie auf die Aktentasche und den Regenschirm zugunsten von Laufkleidung und -schuhen zu verzichten, kann dazu führen, daß man über Sie lächelt und Sie skeptisch betrachtet, es ist jedoch eine hervorragende Möglichkeit zu trainieren, ohne allzu viel Zeit zu verlieren — und wie alle Jogger, die den Lästereien ihrer nichtlaufenden Bekannten ausgesetzt sind, verfügen auch Sie über das nötige Selbstbewußtsein, das Ihnen sagt, daß das, was Sie tun, auch den anderen guttun würde, und daß diese in Wirklichkeit die Verlierer sind.

Wann Sie laufen, hängt also davon ab, wann es Ihnen am angenehmsten ist, und das ist individuell ganz verschieden. Alles, was wir Ihnen sagen können, ist, daß es keine Zeit gibt, die für das Jogging besser geeignet ist als eine andere. Wir kennen einen Neuseeländer, der in einer Kleinstadt lebt und jeden Morgen um drei Uhr aufsteht, um zwei Stunden auf der Landstraße zu laufen, denn er fängt früh an zu arbeiten, die Straßen sind um diese Uhrzeit verkehrsfrei — und er findet es gut.

Und wenn Premierminister und Staatspräsidenten die Zeit finden können ...?

13. Problembeseitigung

Von Zeit zu Zeit werden Sie, wie andere Athleten auch, Probleme der verschiedensten Art bekommen. Keines dieser Probleme, vorausgesetzt Sie sind medizinisch gesund, wird ernsthaft oder unüberwindbar sein. Dennoch können einige dieser Probleme Ihr Laufprogramm durcheinanderbringen.

Da ist z. B. Clarence deMar, den die Amerikaner »Mr. Marathon« nannten — er lief seinen ersten Marathon im Jahre 1909 und einen letzten 1957 im Alter von 68 Jahren, insgesamt absolvierte er mehr als 1 000 Langstreckenrennen und 100 Marathonläufe. Er wurde an Krebs operiert und erhielt einen künstlichen Darmausgang, was ihn jedoch nicht davon abhielt, an Marathonläufen teilzunehmen. Sein Tod hatte mit seinem Herzen nichts zu tun; man stellte fest, daß seine linke Herzkranzarterie einen viermal größeren Durchmesser als normal hatte, und die seinen Leichnam obduzierenden Ärzte kamen zu dem Schluß, daß er nie an einer Koronarthrombose gestorben wäre.

Ein Schwede, der noch mit 70 an Marathonläufen teilnahm, überließ seinen Leichnam der Wissenschaft, und man stellte fest, daß sein Gefäßsystem völlig durchlässig war, abgesehen von einem kleinen Atherom in der Nähe seine Herzens. Auch er starb nicht an Herzversagen.

Läufer haben allerdings andere kleine Probleme, und Sie sollten einiges über diese Probleme erfahren.

Seitenstiche: Seitenstiche können durch eine Stauchung der Zwerchfell- und Bauchmuskeln, die nicht geschmeidig genug sind, um der Belastung durch das erweiterte und schneller arbeitende kardiopulmonale System standzuhalten, verursacht werden. Die Belastung verlagert sich daher auf die Bänder, die das Zwerchfell mit dem Skelett verbinden. Dadurch tritt während des Laufens ein Schmerz auf, der aufhört, sobald Sie stehenbleiben. Der Schmerz kann wiederkommen, wenn Sie weiterlaufen. Bergablaufen, das wegen der stärkeren Rücklage zu einer stärkeren Dehnung der erwähnten Muskeln führt, kann ebenfalls Seitenstiche hervorrufen.

Lockerungs- und Beweglichkeitsübungen helfen, Seitenstiche zu verhindern. Eine der einfachsten und effektivsten Übungen besteht darin, die Hände auf eine Tischkante zu legen, die Füße weit entfernt vom Tisch aufzusetzen und dann die Tischkante mit der Brust zu berühren, wobei der Rücken so weit wie möglich durchgebogen werden sollte. Wenn Sie diese Übung zehnmal am Tag ausführen, werden die Seitenstiche sich

über kurz oder lang wahrscheinlich nicht mehr einstellen. Sit ups —
Aufrichteübungen aus dem Sitzen mit gebeugten Knien, um Zerrungen im Lendenwirbelsäulenbereich zu vermeiden — sowie Nach-hinten-Beugen mit Hüftrotation sind ebenfalls ausgezeichnete Übungen zur Prophylaxe von Seitenstichen. Denken Sie bei diesen Übungen stets daran, daß Sie eine Belastung der Muskeln unter dem Brustkorb spüren müssen.

Übersäuerte Muskeln: Diese Beschwerden treten von Zeit zu Zeit an den verschiedensten Stellen auf. Läufer, die auf den Fußballen aufsetzen und nicht über die Ferse abrollen, bekommen eher muskuläre Probleme als Läufer, die mit der Ferse zuerst aufsetzen. Blasen, beschädigte Zehennägel, Schäden im Mittelfußbereich und das sog. Schienbeinschmerzsyndrom sind alles Verletzungen, die durch das Zerren der Muskelfaszien und durch Mikrofaserrisse hervorgerufen werden.

Sie können Muskelschmerzen vermeiden, indem Sie solange auf Sand- oder Grasboden laufen, bis sich die Sehnen Ihrer Füße gelockert haben und Sie Ihre Füße korrekt aufsetzen. Eine Fersenerhöhung kann ebenfalls helfen.

Achten Sie auf die Absätze Ihrer Laufschuhe, und laufen Sie sie nicht zu weit ab. Ein Millimeter zuviel Abrieb kann den Winkel, in dem Ihr Fuß aufsetzt, verändern und Ihre Fußgelenke, Knie, Hüften und Lendenwirbelsäule verstärkten Belastungen aussetzen.

Achillessehne: Läufer, die auf den Fußballen laufen, sind für Achillessehnenbeschwerden prädestiniert. Das gleiche trifft auf alle Anfänger zu, solange die Sehnen und Muskeln noch nicht geschmeidig und kräftig sind. Das ist ein Grund, warum Sie Bergaufläufe meiden sollten, bis Sie ein hohes Niveau an muskulärer Kondition erreicht haben. Dehnen Sie täglich Ihre Achillessehne.

Rückwärtige Oberschenkelmuskulatur und -sehnen: Beschwerden in diesem Bereich treten auf, wenn Sie, ohne vorher Ihre Muskeln und Sehnen gleichmäßig gedehnt und gekräftigt zu haben, ein Training zur Verbesserung der Schrittfrequenz durchführen. Das ist darauf zurückzuführen, daß die M. quadriceps in der Regel kräftiger als die rückwärtige Oberschenkelmuskulatur sind. Die die Muskelfasern umhüllende Faszie und auch die Fasern selbst können reißen, wenn Sie sich nicht vorsichtig genug aufwärmen. Zu diesen Verletzungen kann es selbst dann kommen, wenn Sie alles richtig gemacht haben, die Belastung durch die langdauernde Muskelbeanspruchung jedoch zu hoch ist oder es zu einem langsamen Muskelgewebszerfall kommt. Muskelrisse können selbst bei guttrainierten Athleten unter den besten Bedingungen auftreten.

Die Regeneration, besonders im Anschluß an eine Achillessehnenverletzung, ist nie einfach. Die konventionelle Behandlungsmethode besteht aus Eispackungen, die sofort aufgelegt werden, um innere Blutungen im Verletzungsbereich zu vermeiden, aus Wärmeanwendung oder sanfter Massage ein oder zwei Tage später, wenn die Verletzung auf einen bestimmten Bereich eingeschränkt ist, aus Wassertherapie usw. All das kann einen Monat in Anspruch nehmen. Ein amerikanischer Arzt hat behauptet, daß die beste Behandlungsmethode darin besteht, eine verletzte Sehne mittels eines Gipsverbands für zwei Wochen zu immobilisieren. Die Heilung verläuft bei dieser Behandlung auf jeden Fall schneller.

Wenn Sie sich einen Muskelriß zuziehen, können Sie den Finger genau in die entstandene Delle legen. Es kommt zu einer inneren Blutung, die Sie stoppen müssen. Vermeiden Sie also drei Tage lang Wärmeanwendung und Massagen. Während dieser Zeit sind Eis und Wasser geeignete Behandlungsmethoden. Nach Ablauf dieser drei Tage wird sich um den verletzten Bereich Narbengewebe gebildet haben, und die jetzt einsetzende Wärmebehandlung oder Massage wird dafür sorgen, daß das überflüssige Blut aus dem betroffenen Gewebsbereich verschwindet und die Nahrungsversorgung der verletzten Stelle verbessert wird.

In allen Verletzungsfällen zahlt es sich aus, den Arzt aufzusuchen und sich nicht selbst zu behandeln. Sie könnten den Schaden verschlimmern.

Schienbeinschmerzsyndrom: Hierunter versteht man Membranrupturen zwischen Muskel und Knochen, die oft durch Stauchungen beim Bergablaufen oder durch Laufen mit zu großen Schritten hervorgerufen werden. Sie können zu große Schritte vermeiden, indem Sie die Vordersohle Ihrer Schuhe ein wenig erhöhen und beim Bergablaufen immer darauf achten, die Schritte zu verkürzen und locker zu bleiben.

Wassertherapie, Eispackungen und evtl. Wärmebehandlung helfen bei dieser Verletzung. Wassertherapie — unter Verwendung eines Schwimmbretts in einem Becken mit lauwarmem Wasser oder durch Simulation der Laufbewegungen im Wasser — ist grundsätzlich bei allen Beinverletzungen angebracht.

Gelenkverletzungen und Knochenverschleiß: Zu diesen Verletzungen bzw. Schäden kommt es immer aufgrund schlechten Schuhwerks mit unzulänglichen Dämpfungseigenschaften. Ohne eine dämpfende, dicke Gummisohle spüren Sie auf harten Oberflächen den Aufprall jedes Schrittes in einem weiten Körperbereich, und es können Probleme in Körperpartien auftreten, an die man nicht gedacht hat. Die einzige Präventivmaßnahme gegen derartige Beschwerden sind gute Schuhe.

All diese Ratschläge laufen auf einen Punkt hinaus — es ist leichter vorzubeugen, als zu heilen. Machen Sie sich im voraus Gedanken darüber, was Sie Ihrem Körper abverlangen, und geben Sie ihm all den Schutz, den er braucht, wie z. B. gute Schuhe, warme Kleidung, falls nötig, und vermeiden Sie zu hohe Belastungen und zu große Schritte.

Wenn Ihre Muskeln noch aufgrund des Laufs vom Vortag schmerzen, laufen Sie locker. Laufen Sie auf Sand oder Gras, laufen Sie langsam bis die Schmerzen weggehen. Das ist besser, als zu versuchen, in normalem Tempo zu laufen oder die Beine hochzulegen und darauf zu warten, daß die Schmerzen von alleine verschwinden.

14. Temperaturen, Elektrolyte und Sie selbst

Ihre Körpertemperatur ist von Körperregion zu Körperregion unterschiedlich. Sie geben Körperwärme über physikalische und physiologische Vorgänge ab, was zu einer Kühlung des nahe an der Körperoberfläche fließenden Blutes führt und wodurch Wasser zur Kühlung der Haut durch Verdampfung bereitgestellt wird.

Bei niedrigen Umgebungstemperaturen ziehen sich die Blutgefäße in der Haut zusammen, um die Wärmeabgabe zu reduzieren. Bei hohen Temperaturen, oder wenn zusätzliche Wärme durch körperliche Arbeit erzeugt wird, erweitern sich die Blutgefäße. Es kommt zu einer vermehrten Schweißausscheidung, und es wird mehr Wärme über Verdampfung abgegeben. Je stärker Sie sich körperlich belasten, desto mehr Blut fließt durch die Haut und desto mehr schwitzt man.

Anstrengende körperliche Aktivitäten wie Jogging erhöhen den Blutbedarf, um die Muskulatur zu versorgen, und führen dazu, daß mehr Blut zu Kühlzwecken durch die Haut fließt. Je wärmer die Umgebungstemperatur ist, desto größer ist der Bedarf.

Dieser Druck kann die Fähigkeit des Herzens, das Ausstoßvolumen zu erhöhen, übersteigen. Die möglichen Konsequenzen sind Übelkeit, Schwindel und sogar Hitzschlag. Das sind Auswirkungen, die man bei einem normalen Jogging-Programm wahrscheinlich nicht zu spüren bekommt, aber Sie sollten diese Eventualitäten kennen, wenn Sie Ihr Laufprogramm in Richtung Marathon erweitern.

Wenn Sie nicht an anstrengende Belastungen unter Hitzebedingungen gewöhnt sind, riskieren Sie folgende Konsequenzen:

— Hitzekrämpfe, die auf einen übermäßigen Elektrolyt- und Wasserverlust zurückzuführen sind und letztlich zu einem neuromuskulären Versagen führen;
— Hitzeerschöpfung aufgrund einer durch Dehydratation verursachten Kreislaufüberlastung;
— Und schlimmstenfalls Hitzschlag, der tödlich sein kann, weil das Temperaturkontrollzentrum im Gehirn gestört wird.

Wenn Sie in einer heißen Gegend leben, müssen Sie sich an das Laufen bei Hitze gewöhnen, indem Sie die Dauer Ihrer Trainingseinheiten in der Hitze sorgfältig kontrollieren und ihre Dauer behutsam verlängern. Das führt zu einer allmählichen Verbesserung der Hautdurchblutung und der Bildung neuer Arteriolen zwecks Kühlung. Versuchen Sie stets auf einer Strecke zu trainieren, wo Sie unterwegs in regelmäßigen Abständen Was-

ser zu sich nehmen können, oder sorgen Sie dafür, daß Sie jemand während des Laufs mit Flüssigkeit versorgt. Es ist lebenswichtig, dauernd Wasser zu sich zu nehmen.

Marathonläufer müssen häufig bei großer Hitze laufen, was zu einem extremen Anstieg der Körpertemperatur und zu einer ausgeprägten Dehydratation führt. Sie sind diesen Bedingungen gewachsen, wenn Sie auch unter derartigen Bedingungen trainiert haben. Sollten Sie das versäumt haben, kommen Sie selten ans Ziel, und wenn Sie doch das Ziel erreichen, werden Sie sich längere Zeit danach erschöpft fühlen.

Der Marathonläufer Jim Peters ist ein bekanntes Beispiel für einen guten Läufer, der aufgrund von Dehydratation und Kreislaufversagen fast zu Tode kam. Jim Peter war auf die Hitzebedingungen, unter denen der Marathonlauf bei den Empire Games 1954 stattfand, nicht vorbereitet.

Wenn Sie regelmäßig in die Sauna gehen, werden Sie sich noch daran erinnern, daß Ihnen 80° C am Anfang sehr heiß vorkamen und Sie fast ohnmächtig wurden, daß Sie jedoch nach einigen Wochen Temperaturen bis 120° C bequem aushalten konnten. Das Temperaturregulationszentrum des Körpers ist sehr effizient — aber Sie dürfen es auch nicht überfordern.

Ich hatte während meiner aktiven Zeit ein gutes Mittel gegen die Hitzeauswirkungen. Anstatt den üblichen Schwamm an den Verpflegungsstationen zu benutzen, schüttete ich mir einen Eimer Wasser über den Kopf. Augenblicklich trat ein Kühlungseffekt ein, und ich konnte ohne Schwierigkeiten bis zur nächsten Verpflegungsstation laufen, um mir dort erneut einen Eimer Wasser überzugießen. Ich fand heraus, daß ich bei kühler Witterung einen Marathonlauf 10 bis 15 Minuten schneller laufen konnte als bei heißem Wetter. Das zeigt, wie stark der Stoffwechsel durch die Hitze belastet ist.

Wenn Sie hoffen, durch Ihr Fitneßprogramm an Gewicht zu verlieren, dürfen Sie sich an heißen Tagen nicht extra warm anziehen. Sie verlieren dann lediglich eine Menge Wasser und Mineralien, aber weil Sie durch die zusätzliche Kleidung Ihren Trainingsumfang verringern, verbrennen Sie nicht soviel Fett, wie Sie verbrennen würden, wenn Sie weniger angezogen, Ihre Körpertemperatur niedrig gehalten hätten und länger sowie schneller gelaufen wären. Den größten Teil der Flüssigkeit, den Sie verloren haben, werden Sie nach dem Lauf wieder ersetzen. Sie müssen Fett verbrennen, und das geht nur, wenn Sie lange und schnell laufen.

Warme Kleidung führt auch über die Erhöhung der Körpertemperatur dazu, daß der Arbeitsmuskulatur mehr Blut entzogen wird, um an der Hautoberfläche für die Notkühlung zur Verfügung zu stehen. Das resultiert ebenfalls in einer Reduzierung Ihrer Laufleistung, und da Sie eine

Trainingswirkung auf das Herz nur über einen möglichst großen Laufumfang erreichen, sind Sie wieder im Nachteil.

Sie können bei hohen Temperaturen eine Stunde länger zügig laufen, vorausgesetzt, die Luftfeuchtigkeit ist auch entsprechend hoch. Unter diesen Bedingungen bleibt die ausgeschwitzte Flüssigkeit auf der Haut und unterstützt die Kühlung. Bei niedriger Luftfeuchtigkeit verdampft der Schweiß schneller, und das Risiko einer Dehydratation ist größer.

Auch diese Theorie habe ich an mir selbst überprüft. Ich lief in Tucson, Texas, bei einer Temperatur von 38° C und einer Luftfeuchtigkeit von unter 20 %. Ich hielt nur 20 Minuten durch. In Maracaibo, Venezuela, trainierte ich jedoch locker eine Stunde pro Tag, obwohl die Temperaturen immer zwischen 39 und 50° C lagen. Die Luftfeuchtigkeit betrug aber fast 90 %, und ich war immer schweißnaß und erlitt daher keinen Schaden.

Das Gegenteil trifft zu, wenn Sie bei Temperaturen unter dem Gefrierpunkt trainieren. Wenn bei Temperaturen zwischen −20 und −40° eine hohe Luftfeuchtigkeit herrscht, ist das Training so gut wie unmöglich, da man eine Vereisung der Lungen riskiert. Wenn jedoch die Luftfeuchtigkeit unter 20 % liegt, kann man stundenlang laufen, vorausgesetzt, man ist gut gegen die Kälte geschützt.

Die Finnen trainierten unter diesen Bedingungen mit zwei Trainingsanzügen — einem aus wildlederartigem Material, der das Eindringen von kalter Luft verhinderte, und darunter einem Trainingsanzug, der die warme Luft, die sich unter dem äußeren Anzug bildete, durchließ. Sie liefen also in einem Warmluftkissen. Zusätzlich trugen sie eine Wollkappe, einen dicken Schal, Wollhandschuhe und Wollsocken. Nur ihre Wangen waren der Kälte ausgesetzt.

Behalten Sie also folgende Formel: Wenn die Temperaturen hoch sind, muß auch die Luftfeuchtigkeit entsprechend hoch sein; wenn die Temperaturen niedrig sind, muß auch die Luftfeuchtigkeit niedrig sein. Wenn irgendeine andere Kombination vorherrschend ist, sollten Sie vorsichtig sein und Ihr Jogging-Programm einschränken.

Wenn Sie bei warmen Umgebungstemperaturen laufen und viel schwitzen, müssen Sie den Mineral- und Wasserverlust ausgleichen. Es ist wichtig, ein Blutgleichgewicht aufrechtzuerhalten. Dies kann leicht durch die Einnahme eines Elektrolytgetränks erreicht werden. Auf dem Markt sind verschiedene Elektrolytgetränke erhältlich, und alle, die Kalzium, Kalium und Magnesium enthalten, sind geeignet. Sie brauchen nur die Hälfte der empfohlenen Menge einzunehmen, um sicher zu gehen, daß Sie das, was Sie während Ihrer sportlichen Aktivität verlieren und durch Ihre normale Nahrungsaufnahme nicht so leicht ersetzen können, ausgleichen.

Vermeiden Sie Salztabletten und salzhaltige Getränke. Salz ist in ausreichender Menge in der Nahrung, die Sie täglich zu sich nehmen, und in den Elektrolytgetränken enthalten. Salz treibt Kalium aus Ihrem Körper, und Kalium ist das Mineral, das vor Überhitzung schützt. Salztabletten können zu Übelkeit und Magenverstimmung führen, und wenn Sie zuviel zu sich nehmen, kann die überschüssige Menge im Gewebe und Blut zurückbleiben und zu Bluthochdruck und Arterienverkalkung führen. Der trainierte Körper ist zwar weniger anfällig für derartige Beschwerden, aber es besteht überhaupt kein Anlaß, vermehrt Salz zu sich zu nehmen.

Das Hervorragende an den Elektrolytgetränken ist, daß Sie im Grunde Ihren eigenen Schweiß wieder trinken — nur der Geschmack ist besser.

Wir werden an einer späteren Stelle noch eingehender auf den Mineralersatz zu sprechen kommen und erklären, warum Mineralien bei Ihrem Joggingprogramm unerläßlich sind. Es gibt jedoch noch einige andere Probleme, derer Sie sich bewußt sein sollten.

Hypothermie: Niemand ist vor Hypothermie geschützt. Das trifft vor allem auf Menschen zu, die in Gebieten und unter Bedingungen trainieren, an die sie nicht angepaßt sind. Zuviele Menschen sind bereits der Hypothermie zum Opfer gefallen, als daß man sie leichtfertig vernachlässigen könnte. Das Hauptproblem besteht darin, daß Sie mit Hypothermie konfrontiert werden können, ehe Sie sich dessen bewußt sind, und dann kann es zu spät sein. Drei junge Männer kamen vor nicht allzu langer Zeit innerhalb von Minuten in der Nähe von Wellington ums Leben. Sie liefen im Wald, als plötzlich die Temperatur schlagartig sank und Sturm und Regen aufkam. Sie waren nur leicht bekleidet und gerieten sofort in einen Zustand, von dem sie sich nicht mehr erholen konnten, denn es war keiner da, der ihnen hätte helfen können.

Der menschliche Körper ist eine Maschine, die bei einer Temperatur von 37° C arbeitet. Die äußeren Körperpartien können sehr viel kühler sein, aber die lebenswichtigen Organe müssen diese Temperatur konstant beibehalten. Wenn sich der Körperkern bei kalten, windigen Bedingungen abzukühlen beginnt, und dieses Abkühlen nicht sofort gebremst wird, kommt es zu mentalen Störungen, Koordinationsverlust, Bewußtlosigkeit, Atmungs- und Kreislaufzusammenbruch. 30 Minuten nach Auftreten der ersten Symptome können Sie bereits tot sein.

Achten Sie auf die in folgender Reihenfolge auftretenden Warnsignale: Müdigkeit, Kältegefühl und Erschöpfung; Interessensverlust, Lethargie; Unbeholfenheit, Stolpern oder Fallen; Sprech- und Sehschwierigkeiten; irrationales Verhalten; offensichtliche Beschwerden; Aufhören des

Zitterns trotz Weiterbestehens des Kältegefühls; Kollaps und Bewußtlosigkeit; Koma.

All das klingt irreal, aber ein Gefühl des Irrealen ist gleichzeitig eines der Warnsignale. Wenn Sie bei einem Lauf bei kaltem, windigen und nassen Wetter einige der anfänglichen Symptome spüren oder sie bei einem Begleiter bemerken, müssen Sie sofort handeln, um einen weiteren Wärmeverlust zu vermeiden. Sie müssen versuchen, sich selbst oder Ihren Begleiter wiederzuerwärmen und einen Bewußtseinsverlust zu verhindern versuchen. Laufen Sie nicht weiter in der Hoffnung, daß nichts passieren wird, denn das kann dazu führen, daß kritischere Stufen des geschilderten Prozesses erreicht werden. Sie müssen aus dem Wind gehen, sich trockene Sachen anziehen, warme Getränke zu sich nehmen und vor allem ärztliche Hilfe anfordern bzw. in Anspruch nehmen.

Der beste Ratschlag ist natürlich, sich ausreichend mit Kleidung auszurüsten, um gegen einen plötzlichen Temperatursturz gewappnet zu sein. Denken Sie daran, daß der Wärmeverlust des Kopfes besonders groß ist, was oft übersehen wird.

Hyperventilation: Sie können überventilieren und zuviel Kohlendioxyd abatmen. Dieses Gas hat eine Atemreizfunktion, und wenn die Blutkonzentration abnimmt, kann dies zu biochemischen Veränderungen kommen, die zu Schwindel, Kribbelgefühl, Herzrasen und Angstgefühlen führen. Die Atmung kann aussetzen, und der Betroffene hat kein Bedürfnis mehr weiterzuatmen. Da kein Sauerstoff mehr aufgenommen wird, sinkt die Sauerstoffkonzentration im Gehirn, und es kommt zu einem Bewußtseinsverlust.

Sobald das Gewebe wieder genug Kohlendioxyd produziert, setzt die Atmung wieder ein, und der Betroffene erlangt sein Bewußtsein wieder zurück. Wenn Sie jemanden sehen, der mit diesem unangenehmen Phänomen konfrontiert wird, ist das Beste, was Sie tun können, ihn zu veranlassen, seine Atmung zu verlangsamen oder in einen Papierbeutel aus- und einzuatmen. Er atmet auf diese Weise sein eigenes von ihm ausgeatmetes Kohlendioxyd wieder ein.

Glücklicherweise wird beim Jogging ein Überschuß an Kohlendioxyd erzeugt. Sogar die Ausschüttung von Milchsäure ins Blut, durch Zerfall von Bikarbonat, erhöht die Kohlendioxydproduktion. Es besteht also die Chance, daß Sie nie in diese gefährliche Situation kommen werden.

15. Die Dinge, die wir brauchen

Zucker ist lange Zeit als Nahrungsbestandteil abgelehnt worden, und viele haben behauptet, daß er entscheidend zu Herz-Kreislauf-Krankheiten beiträgt. Für diese Behauptung gibt es allerdings nicht sehr viele Belege. Viele Menschen, die Zucker den »weißen Tod« nennen, kippen sich ihn dennoch in den Kaffee und Tee. Aber die Argumente gegen Zucker wurden immer mehr und vermochten durch den Einfluß des Buchs *Diabetes, Koronarthrombose und die Saccharinkrankheit (Diabetes, Coronary Thrombosis and the Saccharine Disease)* zunehmend zu überzeugen.

Die Autoren nehmen an, daß zwischen der vermehrten Zuckeraufnahme und der deutlichen Zunahme bestimmter Krankheiten ein Zusammenhang besteht. Das Thema wurde von Dennis Burkitt aufgegriffen, der sich nach Jahren chirurgischen Arbeitens in Südafrika durch die Beschäftigung mit der Krebsart, die nun seinen Namen trägt, einen Namen machte. Er reihte sich wieder unter das Personal des Medical Research Council, um einige überraschende Unterschiede zwischen den Krankheiten, denen man in afrikanischen und europäischen Gesellschaften begegnet, und der Zunahme einiger vorher unbekannter Krankheiten in westlichen Gesellschaften zu untersuchen.

Er stellte fest, daß in unserer Zivilisationsgesellschaft Krankheiten vorkommen, die noch vor 100 Jahren unbekannt waren, und die bei Haustieren nicht auftreten. Typische Krankheiten sind z. B. Krankheiten des Verdauungskanals, einschließlich einer Krankheit, die in Gestalt erbsengroßer Beulen im Dickdarm auftritt und heute als häufigste Krankheit des Dickdarms bei einem Drittel aller Personen über 40 und zwei Dritteln aller 80jährigen gefunden wird.

Im gleichen Körperbereich wurden gutartige Tumoren bei einem Drittel der über 20jährigen gefunden, und der Dickdarm ist nach der Lunge am häufigsten von tödlichem Krebs befallen.

Bei 10 bis 17 % aller Erwachsenen treten Krampfadern auf, und sie würden wahrscheinlich bei mehr als der Hälfte der Erwachsenen auftreten, wenn sie nur lange genug leben würden. Bei einem Drittel dieser über 40jährigen Patienten wird die Behandlung durch Thrombosen oder Klumpenbildung in den tiefen Beinvenen in Verbindung mit einem in den betroffenen Venen verlangsamten Blutfluß verkompliziert. Die damit in Zusammenhang stehenden Hämorrhoiden treten bei 50 % der über 50jährigen auf.

Burkitt führt all diese Erkrankungen auf eine Veränderung in den Nahrungsgewohnheiten zurück, vor allem auf einen vermehrten Konsum von raffinierten Kohlenhydraten, hauptsächlich in Form von Zucker und weißem Mehl, und einer damit einhergehenden Reduktion des Fasergehalts der im Dickdarm verbleibenden Reste. Burkitt nimmt an, daß der Gehalt unserer jetzigen Nahrung nur noch ein Fünftel des Gehalts unserer früheren Nahrung beträgt.

Folglich sind die Darminhalte härter, ihre Durchlaufzeit ist verlängert, und es wird mehr Druck auf die Darmwände ausgeübt. Der überlastete Dickdarm drückt auf die Hauptvenen und behindert den Rückfluß des Blutes aus den unteren Extremitäten.

Die Ideen von Cleave stimmen mit denen von Burkitt überein. Mit dem vermehrten Konsum von raffiniertem Zucker und Stärke hat die Aufnahme von Nahrung mit Faserresten abgenommen. Der übermäßige Konsum von Energie in Form von raffinierten Nahrungsmitteln hat zu Fettleibigkeit geführt; Diabetes ist eine Folge der schnellen Absorption von verdauten Kohlenhydraten; und eine übermäßige Nahrungsaufnahme stellt hohe Anforderungen an die Pankreas-Drüse, was die Produktion von Insulin, das für die Umwandlung in Energie benötigt wird, anbelangt.

Das ist z. T. eine Vereinfachung, aber es ist nicht einfach zu erkennen, welche anderen Faktoren eine ähnlich bedeutende Rolle bei der Entstehung dieser Abnormalitäten gespielt haben könnten.

Selbstverständlich brauchen wir die Kohlenhydrate, und die beste Quelle sind Getreide, Kartoffeln usw. Wenn Sie mehr Kohlenhydrate wollen, liefert Ihnen Honig, wobei es sich um Fruktose ohne viel Masse handelt, all den Blutzucker, den Sie für lange, komplikationsfreie Läufe benötigen. Honig ist reine Energie, und aus diesem Grunde kann man ihn unmittelbar vor dem Start essen, ohne irgendwelche Probleme zu befürchten.

Man hört häufig, daß Salz lebensnotwendig ist; Dr. Benjamin Rush fand jedoch bei Untersuchungen an amerikanischen Indianern heraus, daß sie genauso gesund sind wie die von Stefanson untersuchten Eskimos und die von Bartholomew untersuchten Bewohner des inneren Chinas. Sie alle hatten eins gemeinsam — sie aßen kein Salz.

Salz wirkt in kleinen Mengen anregend; in größeren Dosen ist es ein Konservierungsmittel. Die Ernährungswissenschaftlerin Dr. Mary Schwarz Rose schreibt in ihrem Buch *Grundlagen der Ernährung (Foundations of Nutrition)*, daß die Menge des in Gestalt von herkömmlichem Salz eingenommen Sodiumchlorids den tatsächlichen Bedarf des Menschen bei weitem übersteigt. Sowohl Sodium als auch Chlorid kommen in so vielen Nahrungsmitteln vor, daß kaum die Gefahr eines Mangels besteht.

In kleinen Mengen wird Salz sofort in Form von Schweiß und Urin aus dem Körper ausgeschieden. In größeren Mengen wird es im Körpergewebe und im Blutstrom zurückbehalten, was zu einem erhöhten Blutchloridspiegel führt.

Die Einnahme von anorganischem Salz ist eine schlechte Angewohnheit. Lassen Sie die Pflanzen das Soliumchlorid in ihren Blättern, Früchten, Wurzeln und Stengeln in eine organische Form synthetisieren, und verzehren Sie es in dieser Form.

Andere Stimulantien wie Kaffee, Tabak, Alkohol und Morphium können sich ebenfalls im Blut und Körpergewebe ansammeln. Sie können das körperliche Stoffwechselgewicht und damit das nervöse Gleichgewicht ebenfalls empfindlich stören.

Wenn der Mensch also all diese Dinge nicht braucht, was braucht er dann?

Kalzium: Im menschlichen Körper liegen ca. 1 1/2 kg Kalzium vor; kein anderes Mineral ist in dieser Menge im Körper enthalten. Der größere Anteil dieser Menge findet sich in den Knochen und Zähnen, aber die verbleibenden 0,1 % sind genauso wichtig. Ohne diese Menge würden die Muskeln keine Kontraktionen ausführen können. Der Mechanismus, der diese kleine, aber wichtige Kalziummenge reguliert, ist so präzise, daß, wenn die Menge um 1 oder 2 Milligramm abnimmt, den Knochen sogleich ausgleichsweise Kalzium entzogen wird.

Sie können Muskelkrämpfe und auch menstruelle Beschwerden durch die Einnahme von zusätzlichem Kalzium lindern. Kalzium ist ebenfalls ein geeignetes Mittel gegen leichte Rückenschmerzen und arthritische Beschwerden. Wenn Sie Belastungen durch Blei ausgesetzt sind — und das ist fast jeder, der in oder in der Nähe einer Großstadt oder unmittelbar neben einer Autobahn lebt —, wird Ihnen eine hohe Kalziumdosis im Essen guttun. Kalzium bremst nämlich die Bleiabsorption.

Sportliche Aktivität führt zu einer Einschränkung des Kalziumverlustes. Aus diesem Grunde bekommen Menschen, die im Alter aufhören, Sport zu treiben, weiche, brüchige Knochen, die am deutlichsten in Gestalt des Alters-Krummrückens zu Tage treten.

Protein treibt Kalzium aus dem Körper. Wenn Sie daher pro Tag 100 g Protein in Ihrer Nahrung zu sich nehmen (eine normale Menge für viele Bewohner der westlichen Welt), brauchen Sie auch 1000 mg Kalzium pro Tag, um die Kraft Ihrer Knochen aufrechtzuerhalten (das ist keine normale Menge für die meisten Bewohner der westlichen Welt).

Drei Glas Milch pro Tag beinhalten diese Menge — alle Milchprodukte sind reich an Kalzium —, aber da Milch auch Fett und Kalorien enthält, ist es am besten, diese Kalziummenge mittels eines Ersatzstoffes zu sich zu nehmen. Ein ausgezeichneter Kalziumlieferant ist Knochenmehl. Sardinen und Lachs (Mit Gräten), Rübenkraut und Bohnengallerte sind ebenfalls wertvolle Kalziumlieferanten.

Magnesium: Als 200 Personen, die an Schlafstörungen litten, 500 mg Magnesium pro Tag einnahmen, schliefen sie die ganze Nacht durch, und die Angst und Spannung, unter der sie am Tag zu leiden hatten, nahm ab. Magnesium ist ein natürliches Beruhigungsmittel: Es beruhigt unruhige Muskeln genauso wie unruhige Nerven. Es wird auch zur Verdauung von Proteinen, Fett und Kohlenhydraten benötigt und beseitigt Körpergeruch.

Durch körperliche Aktivität verliert ihr Körper Magnesium. Stundenlange Ausdauerbelastungen führen zu hohen Magnesiumverlusten. Als Jogger müssen Sie daher darauf achten, daß Sie diese Verluste ersetzen.

Darüber hinaus verhindert und heilt Magnesium Nierensteine (bei einer Dosis von täglich 500 mg), und Autopsien haben gezeigt, daß Infarkttote 22 % weniger Magnesium in ihrer Herzmuskulatur aufweisen als Personen, die aufgrund anderer Ursachen zu Tode kommen.

Weißes Mehl enthält 28 % weniger Magnesium als Vollkornmehl. Konserviertes Getreide (Mais / Weizen) enthält 60 % weniger Magnesium als frisches Getreide. Aufgeblähter Hafer enthält 33 % weniger Magnesium als ganzer Hafer. Einige chemische Zusätze, die dazu dienen, tiefgekühltes Gemüse grün zu halten, zerstören Magnesium völlig.

Viel Magnesium ist enthalten in Vollkornmehl, Sojabohnen, Nüssen, grünem Gemüse, Früchten und Melassesirup. Dolomit enthält jedoch am meisten Magnesium. Es handelt sich hierbei um eine Zubereitung aus gemahlenem Dolomit-Kalkstein, die sowohl Kalzium als auch Magnesium in genau den Konzentrationen enthält, die die Natur vorgesehen hat. Wie auch immer Sie Ihren Magnesiumbedarf decken, seien Sie bestrebt 350 bis 500 mg pro Tag aufzunehmen.

Kalium: Athleten, die wenig schwitzen, brauchen kein zusätzliches Kalium; aber diejenigen, die viel schwitzen und obendrein Salztabletten zu sich nehmen, brauchen Kalium in doppelter Dosierung. Dr. James Knochel, Physiologe an der University of Texas Southwestern Medical School, hat herausgefunden, daß 50 % der Patienten, die wegen Hitzschlag nach intensiver Belastung im Krankenhaus eingeliefert wurden, an Kaliummangel litten. Viele hatten Salztabletten eingenommen, die dem Körper das Kalium entzogen hatten. Aufgrund des zusätzlichen Kaliumverlustes durch die Schweißausscheidung erlitten sie ernsthafte Kaliummangelzustände — die Anzeichen waren Übelkeit, Muskelschwäche, Krämpfe, Erregbarkeit und schließlich ein völliger Zusammenbruch. Den durch die Schweißausscheidung hervorgerufenen Salzverlust brauchen Sie nicht unbedingt auszugleichen, das Kalium müssen Sie jedoch ersetzen. Vielleicht tun Sie sogar besser daran, das Salz auszuschwitzen, denn viele Menschen nehmen über ihre Nahrung zuviel Salz, aber zu wenig Kalium auf. Der Verarbeitung unserer Nahrung ist auch hier wieder die Hauptschuld zu geben.

Reich an Kalium sind Bananen (eine mittelgroße Banane enthält 500 mg Kalium), Orangen, Tomaten, Kohl, Sellerie, Möhren, Grapefruit, Äpfel, Bohnen und Fisch.

Vitamine: Das meiste des im folgenden Gesagten stammt von William Gottlieb, dem Chefherausgeber des Magazins *Prevention*, der im *Women's Sport*-Magazin schreibt und der betont, daß die Ernährungswissenschaft noch immer eine kontroverse Wissenschaft und keine exakte ist. Dies hat zur Folge, daß jeder Experte, den Sie um Rat fragen, Ihnen wahrscheinlich etwas anderes erzählt.

Gottlieb, der sich vier Jahre lang nur mit Vitaminen beschäftigte und alle neuen Untersuchungen zum Bereich der Ernährung kennt, ist von der Notwendigkeit der Vitamineinnahme überzeugt.

Er sagt: »Sie müssen Vitamine zu sich nehmen, wenn Sie in einer smogreichen Stadt leben, wenn Sie täglich in der Sonne trainieren, wenn Sie Zucker essen, unter einer Allergie leiden, vor Wettkämpfen eine Kohlenhydratmast durchführen, zu Verletzungen neigen, und wenn Sie an Wettkämpfen teilzunehmen beabsichtigen. Wenn Sie sowohl im Sport als auch im Alltagsleben in Topform sein wollen, brauchen Sie unbedingt Vitamine.«

Zur Energiebereitstellung und zur Kontrolle aller Bewegungen sind Enzyme notwendig. Sie sind für das gleichmäßige Schlagen Ihres Herzens, Ihre Verdauung, Ihre Atmung und für jede Bewegung, die Sie durchführen, verantwortlich. Vitamine sind chemische Bestandteile dieser Enzyme, und ein Vitaminmangel würde dazu führen, daß die Enzyme ihre Arbeit einstellen.

Vitamin A sorgt dafür, daß Ihre Haut glatt, Ihre Augen scharf, Ihr Immunsystem widerstandsfähig und Ihr Anti-Streß-System funktionstüchtig bleibt. Zu einem Vitamin-A-Mangel kommt es meist, wenn man Schnellgerichte anstelle von frischem Obst und Gemüse ißt. Karotten, süße Kartoffeln, Spinat, Aprikosen und Honigmelonen enthalten z. B. Beta-Karotin, das sich im Körper in Vitamin A verwandelt, vorausgesetzt es wird nicht durch den Kochprozeß zerstört. Eine Schüssel voller gekochter Karotten enthält 16 000 IU Beta-Karotin. Sehr konzentriert findet sich Beta-Karotin in Lebertran. Wenn Sie Vitamin A zusammen mit Vitamin E zu sich nehmen, steigt die Fähigkeit des Körpers, das Vitamin A umzusetzen um das sechsfache.

Vitamin B 1 gehört zu den Vitaminen des B-Komplexes, die in der Regel zusammen vorkommen. Bei Vitamin B 1 handelt es sich um Thiamin, welches dem Körper hilft, Kohlenhydrate in Glukose, den Brennstoff für die Energieversorgung des Gehirns und der Muskeln, zu verwandeln. Wenn Sie also Kohlenhydrate zu sich nehmen, fügen Sie 5 mg Thiamin hinzu, um das Umsetzen der Kohlenhydrate in Energie zu unterstützen. Wie bei allen Vitaminen des B-Komplexes, wird das, was Sie nicht brauchen, ausgeschieden. Es kann also zu keiner Überdosierung kommen. Nehmen Sie Thiamin nicht zusammen mit Kaffee oder Alkohol ein.

Thiamin ist reichhaltig enthalten in grünem Gemüse, Vollkornwaren, Bohnen, Nüssen und Samenkörnern. Das gleiche gilt für Bierhefe, Weizenkeime und Leber.

Vitamin B 2 (Riboflavin) ist gut für die Augen und die Verdauung; es schützt vor Ermüdung, ist gut für die Nerven und hilft bei Appetitlosigkeit. Es ist enthalten in Brokkoli, Spargel, Milch und Käse, Lachs, Leber und Vollkornlebensmitteln.

Vitamin B 3 (Niacin) unterstützt ca. 40 biochemische Reaktionen im menschlichen Körper. Die wichtigste davon betrifft die roten Blutkörperchen, die Sauerstoff in alle Körperpartien transportieren. Die letzte Etappe ihrer Reise durch den Körper ist ihr Transport durch die Kapillaren, feine Gefäßnetze, die durch Jogging entwickelt werden. Die roten Blutkörperchen reihen sich vor den Kapillaren vor und dringen nacheinander in sie ein. Da jedes Blutkörperchen elektrisch negativ geladen ist, werden sie voneinander getrennt, und es kann nicht zu Staus kommen. Niacin ist für das Aufladen der Blutkörperchen verantwortlich. Niacin ist enthalten in Truthahnfleisch, Thunfisch, Erdnüssen und Rinderleber.

Vitamin B 6 (Pyridoxin) kommt in konservierten Nahrungsmitteln so gut wie nicht mehr vor. Es ist unbedingt nötig für die Synthese von Serotonin, einer im Gehirn vorkommenden Chemikalie, die das Gedächtnis steuert, bei Akne hilft und viele menstruelle und Schwangerschaftsprobleme beseitigt. Serotonin ist enthalten in magerem Fleisch, Fisch, frischem Obst und Gemüse (vor allem in Bananen), Nüssen, Buchweizen, Soyabohnen und Weizenkeimen.

Vitamin B 12 (Kobalamin) beeinflußt das zentrale Nervensystem. Ein Mangel führt zu Ermüdung, Reizbarkeit und einer gewissen Taubheit in den Gliedern. Am meisten Vitamin B 12 ist in Leber enthalten, alle anderen tierischen Fleischprodukte enthalten jedoch auch ausreichend Vitamin B 12.

93

Vitamin C verhindert und heilt Erkältungen, entgiftet Nikotin, Alkohol und krebserzeugende Umweltgifte, schützt vor Heuschnupfen und verbessert die Fähigkeit, bei Hitze zu trainieren. Ein Überschuß an Vitamin C führt nicht, wie man in der Vergangenheit befürchtete, zu Nierensteinen; Tatsache ist, daß zuviel Vitamin C im Urin Nieren- oder Blaseninfektionen verhindert. Vitamin C ist enthalten in allen frischen Zitrusfrüchten, grünem Pfeffer, Petersilie, Brokkoli und — für viele sicherlich überraschend — in Kartoffeln. Dies trifft jedoch nicht auf Kartoffelchips zu, sie haben 75 % ihres Vitamin-C-Gehalts verloren.

Vitamin D ist besonders gut für Läufer, denn es ermöglicht dem Körper, Kalzium zu absorbieren. Da Kalzium Muskelkontraktionen (u. a. den Herzschlag) steuert, kommt ihm eine große Bedeutung zu. In unserer Nahrung ist sehr wenig Vitamin D enthalten. Das Sonnenlicht bewirkt jedoch, daß sich eine in der Haut vorkommende Chemikalie in Vitamin D verwandelt. Vitamin D ist biochemisch ein Hormon.

Vitamin E gilt im allgemeinen als sexuell anregend, denn Forscher haben festgestellt, daß es die Fruchtbarkeit von Ratten erhöht. Vitamin E trägt jedoch nicht zur Verbesserung Ihres Sexuallebens bei. Es verbessert allerdings Ihre Glykogenspeicherfähigkeit und trägt damit dazu bei, daß Ihnen mehr Brennstoff für Ihren Ausdauersport zur Verfügung steht. Es verbessert auch Ihre Muskelkraft und schützt die Zellen vor Oxydation. Das bedeutet, daß Vitamin E wahrscheinlich das Leben verlängert, denn viele Wissenschaftler sind der Ansicht, daß das Altern durch Oxydation verursacht wird.

Konservierte Nahrungsmittel sind Vitamin-E-arm. Vollkornbrot enthält siebenmal mehr Vitamin E als Weißbrot, brauner Reis sechsmal mehr als weißer Reis. Finden Sie einen Ersatz, der mindestens 200 IU enthält.

Orotat: Der größte Anteil der meist oral eingenommenen Mineralien gelangt nicht ins Blut und zu den Zielzellen. Man hat daher sehr lange nach verbesserten Formen des Mineraltransports gesucht. Orotat scheint der größte Durchbruch in der Mineraltherapie seit Jahren zu sein, sagt Dr. Robert Buist, ein führender australischer Spezialist auf dem Feld der Präventivmedizin und der natürlichen Therapie.

Orotat ist das Mineralsalz des Vitamins B 13 in Kombination mit Mineralien. Orotat ist ganz allgemein eine ungiftige und hochwirksame Methode, um ausgewählte Mineralien in die Körperbereiche zu transportieren, wo sie am dringendsten gebraucht werden.

Orotsäure ist ein organisches Molekül, welches in Molke enthalten ist und in unserem Körper aus einer Aminosäure, Asparaginsäure, synthetisiert wird. Im Körper kommen der Orotsäure drei Hauptfunktionen zu: Sie ist ein integraler Bestandteil der DNS und RNS, d. h. der Moleküle, die für das Wachstum und die körperliche Entwicklung verantwortlich sind; sie spielt eine Rolle beim Abbau der Nährzucker, die die Energie für unsere Körperfunktionen bereitstellen; sie verbindet sich mit Kalzium, Magnesium, Kalium und anderen Mineralien, um sie direkt und schnell in die Körperbereiche zu befördern, wo sie benötigt werden. Hier ist nicht genug Platz, um die Orotsäure detailliert zu besprechen, aber es ist offensichtlich, daß Sie, wenn Sie Mineralien in der Verbindung mit Orotsäure aufnehmen, direkteren und größeren Nutzen aus diesen Mineralien als Ersatz für das, was Ihr Körper aufgrund körperlicher Belastung verliert, ziehen.

Streß: Wir greifen dieses Thema erneut auf, da Streß eines der Probleme ist, die in der heutigen schnellebigen, sich dauernd verändernden und anforderungsreichen Zeit zunehmend an Bedeutung gewinnen. Amerikanische Forscher haben festgestellt, daß bis zu 10 % der Bevölkerung irgendwann einmal an Depressionen leiden (dieser Wert wurde mit Hilfe von standardisierten Depressions-Fragebögen ermittelt). Die Statistik des National Institute of Mental Health deutet darauf hin, daß ca. 60 % der Patienten mit psychischen Störungen von Ärzten behandelt werden, die nicht psychiatrisch ausgebildet sind. Nur 10 % dieser Patienten werden an Psychiater überwiesen.

Ca. 80 % der geschätzten jährlichen 50 000 Selbstmorde in Amerika werden von Personen begangen, die an Depressionen leiden. Depressive Menschen sterben eher als andere an Herzkrankheiten und an Infektionen. Vier Einwohner des Staates Wisconsin, die Ärzte John Greist, Marjorie Klein (beide sind außerordentliche Professoren für Psychiatrie an der University of Wisconsin), Roger Eischens (Lauftherapeut) und Dr. John Faris (praktischer Arzt) taten sich zusammen, als sie feststellten, daß ihre Depressionen verschwanden, wenn sie liefen. Andere berichteten von ähnlichen Erfahrungen und stellten fest, daß ihre Depressionen nachgelassen hatten, seitdem sie mit dem Laufen angefangen hatten.

Sie stellten ein Programm zusammen, und hier sind einige Resultate: 11 von insgesamt 67 Angehörigen des College, die an Depressionen litten, nahmen an einem sechs Wochen dauernden Fitneßprogramm teil. Am Ende des Fitneßprogramms wiesen alle elf Versuchspersonen eine verbesserte Fitneß auf, und die Depressionen waren verschwunden. Auch bei den anderen 56 Versuchspersonen waren die Depressionen verschwunden.

Von 167 College-Studenten, die sich acht Wochen lang dreimal in der Woche sportlich betätigten (Ringen, Tennis, verschiedene Sportarten,

Jogging oder Softball) zeigte sich bei den Joggern die deutlichste Verbesserung der Depressionen. Bei den Softballspielern und bei den sechs Versuchspersonen, die sich nicht sportlich betätigten, war keine Änderung festzustellen.

Im Anschluß hieran wurden 13 Männer und 15 Frauen nach dem Zufallsprinzip entweder einer Laufgruppe oder einer von zwei Psychotherapiegruppen zugewiesen. Alle Versuchspersonen waren zwischen 18 und 30 Jahren alt, klagten über Depressionen und waren der Ansicht, daß die Depressionen sie an wichtigen Aktivitäten hinderten. Zehn Patienten begannen mit dem Laufprogramm. Sie liefen dreimal in der Woche jeweils 30 bis 45 Minuten in lockerem Tempo, oft in Begleitung eines Lauftherapeuten, und die Unterhaltung während des Laufs konzentrierte sich auf die Lauftechnik und damit in Zusammenhang stehende Faktoren, niemals jedoch auf die Depressionen.

Nach Ablauf von zehn Wochen hatten zwei der zehn Versuchspersonen aufgegeben — einer war aus der Stadt fortgezogen, und der andere hatte festgestellt, daß das Laufen ihm nicht zusagte —, und sechs hatten ihre Depressionen verloren. Seitdem wurden noch andere Personen mittels eines Laufprogramms von ihren Depressionen geheilt.

Über die der Wirkung des Laufens bei Depressionen zugrundeliegenden Ursachen können nur wissenschaftliche Vermutungen angestellt werden. Faktoren, die die offensichtliche Verbesserung bewirkt haben könnten, sind: das Erfolgserlebnis und das Gefühl, es vor dem Hintergrund von überlastungsbedingten Aussteiger-Quoten zwischen 30 und 70 % bei Laufanfängern während der ersten sechs Wochen, doch geschafft zu haben, zum Jogger zu werden; Geduld zu haben und das regelmäßige Erbringen einer Leistung werden zur Gewohnheit; die Entdeckung der Möglichkeit, die körperliche Gesundheit, das äußere Erscheinungsbild und das Körperbild zu beeinflussen; die Ablenkung durch neue Körperempfindungen; eine Art von Sucht, die neurotische Abwehrmechanismen wie Rauchen, Trinken und übermäßiges Essen ersetzt; usw.

Ein Argument, das von dem vierköpfigen Untersucherteam vorgebracht wird, lautet: »In einer Zeit, in der die Gesundheitskosten dramatisch ansteigen (mindestens doppelt so schnell wie die nationalen Inflationsraten), ist es sicherlich wünschenswert, auf weniger teure Behandlungsmethoden zurückzugreifen, die genauso günstige Auswirkungen haben. Es ist zweifelsohne einzigartig in der Medizin, daß eine Behandlungsmethode sowohl erfolgreicher als auch billiger als andere häufiger angewandte Behandlungsmethoden ist.«

»Das Laufen zusammen mit einem Therapeuten zehn Wochen lang im Anschluß an ein EKG und einen Laufbandtest kostet weniger als 15 Dollar. Eine einzige therapeutische Sitzung pro Woche über einen Zeitraum von zehn Wochen kostet bei uns 500 Dollar. Für Personen, die sich ohne Therapeut selbst einer Laufbehandlung unterziehen können, reduzieren sich die Kosten auf die Ausgaben für eine kardiovaskuläre Kontrolluntersuchung vor Behandlungsbeginn.«

16. Ausdauer und der Alterungsprozeß

Dr. John L. Boyer vom Labor für Leistungsphysiologie des San Diego State College verfügt über beträchtliche Erfahrungen im Hinblick auf die Messung der Fitneß von amerikanischen Staatsbeamten; außerdem hat er mehrere Jahre lang die Teilnehmer an den US-Masters-Leichtathletikmeisterschaften untersucht. Wir zitieren im folgenden aus einer Rede, die er anläßlich einer dieser Meisterschaften hielt:
»Wir wissen heute, daß das Altern ein Prozeß ist, der vor allem durch Atherosklerose, d. h. Fettablagerungen an den Wänden der Arterien, die das Blut zum Herzen, zu dem Gehirn, den Nieren, den Beinen und in andere wichtige Körperbereiche befördern, gekennzeichnet ist. Diese Fettablagerungen behindern die Versorgung mit Sauerstoff und Nährstoffen, was zum Zelltod und zur Bildung von Narbengewebe führt. Was bewirkt nun körperliche Aktivität an Ihrem Herz und an Ihren Blutgefäßen?
1. Körperliche Aktivität trainiert das Herz wie jeden anderen Muskel auch. Körperliche Aktivität kräftigt die Muskelfasern des Herzens, das dadurch zu einem effizienten Organ wird. Welche Art von körperlicher Aktivität ist nun am besten geeignet?
Durch Ausdauersportarten läßt sich das Herz am ehesten stärken. Aus diesem Grunde sind Laufen, Jogging, Schwimmen, Radfahren und andere ausdauerbetonte Sportarten so wertvoll. Sie tragen dazu bei, daß Ihr Herz kräftiger wird. Ein gekräftigtes Herz kann seine Effektivität nur dann voll entfalten, wenn auch das Kreislaufsystem verbessert wird. D. h., es müssen sich neue Gefäße bilden, und vorhandene müssen sich erweitern, damit der Blutfluß zu den Muskelfasern des Herzens verbessert wird. Körperliche Aktivität führt über die Optimierung des kollateralen Systems zu einer vermehrten Versorgung des Herzens mit Blut.
2. Körperliche Aktivität führt nicht nur zur Vergrößerung der Skelettmuskulatur, sondern auch zur Vergrößerung des Herzens. Die Herzvergrößerung resultiert in einer Vergrößerung des Herzminutenvolumens. Da das Herz ein Volumenorgan ist, sind seine Größe und sein Fassungsvermögen sehr wichtig. Je besser die Volumenkapazität, desto größer das Schlagvolumen.
3. Körperliche Aktivität führt zu einer Reduzierung des Ruhepulses. Ein niedriger Ruhepuls ist effizienter als ein hoher. Optimal sind Pulsfrequenzen unter 70 Schlägen pro Minute. Ein zusätzlicher Vorteil körperlicher Aktivität besteht darin, daß sie zu einer Blutdrucksenkung führt.
4. Körperliche Aktivität führt nicht nur zu einer Vergrößerung der kollateralen Gefäße des Herzens, sondern auch der kollateralen Gefäße

anderer Muskeln (periphere Nutzen körperlicher Aktivität). Es entsteht somit eine zusätzliche Reservekapazität, wodurch sich die Gesamteffizienz des kardiovaskulären Systems verbessert.

5. Körperliche Aktivität führt zu einer Verringerung des Körpergewichts und zu einer Optimierung des Stoffwechsels. Wichtiger als das absolute Körpergewicht ist das Verhältnis zwischen fettfreier Körpermasse (Muskulatur) und Fettmase. Optimal ist, wenn das Körperfett nur 10 bis 15 % des Gesamt-Körpergewichts ausmacht. Die meisten inaktiv lebenden Menschen der westlichen Welt weisen einen Körperfettanteil von 25 bis 30 % auf. Körperliches Training hilft, Körperfett in fettfreie Körpermasse zu verwandeln.

Auch der Knochenstoffwechsel wird durch körperliches Training positiv beeinflußt. Es kommt sowohl zu einer Verbesserung der Knochendichte als auch zu einer Verbesserung der Knochenstärke.

Es ist nunmehr leicht zu erkennen, warum Laufen (eigentlich abwechselndes Gehen und Laufen) eine geeignete Rehabilitationsmaßnahme für Herzinfarktpatienten ist. Jogging ist eine ideale Form des Ausdauertrainings. Man kann überall und zu jeder Zeit joggen; man braucht keine Geräte. Joggen bringt dem Herzen alle Vorteile, die Sport überhaupt bringen kann.

Ganzjährig trainierte Erwachsene mittleren Alters können bedenkenlos an Wettkämpfen teilnehmen. Allerdings kann es böse Folgen haben, wenn über 40jährige versuchen, sich in einer möglichst kurzen Zeit für Wettkämpfe fit zu machen. Das ist vielleicht einer der wichtigsten Punkte meiner Ausführungen. Wettkampfsport ist für Über-40jährige also nur dann gut, wenn sie ganzjährig trainieren und ständig ein gewisses kardiovaskuläres Fitneßniveau beibehalten.

Bei Überlastungsschäden gilt für 20- und für 40jährige das gleiche Prinzip: Je besser die Fitneß, desto geringer das Verletzungsrisiko.

Die Ergebnisse unserer Untersuchung der Teilnehmer an den ersten US-Masters-Leichtathletikmeisterschaften entsprachen unseren Voraussagen. Die untersuchten Athleten wiesen alle ein hohes Maß körperlicher Fitneß auf; vor allem die Mittel- und Langstreckenläufer schnitten hervorragend ab. Einige der untersuchten Leichtathleten hätten trotz einer guten muskulären Ausbildung, durchaus noch eine bessere kardiovaskuläre Fitneß aufweisen können.

Während der insgesamt drei Jahre, in denen wir die Teilnehmer an den erwähnten Meisterschaften untersuchten, wurden keine medizinischen Probleme von uns registriert.«

17. Keine Medikamente, keine Operationen, keine Arterienverkalkung

Verkalkung der Herzkranzgefäße und daraus resultierende Herzinfarkte sind die Todesursache bei jährlich mehr als 872 000 Sterbefällen in Amerika. Im Rahmen von zwei Forschungsprogrammen wurde jedoch die Degeneration von blockierten, fett-verkrusteten Arterien bei Herzpatienten rückgängig gemacht, und der Leiter des Forschungssystems des Longevity Research Institute in Santa Barbara (Kalifornien), Nathan Pritkon, sah sich zu der Behauptung veranlaßt:»Es handelt sich um einen revolutionären Durchbruch — Millionen Leben können gerettet werden.«

Beide Programme basierten auf einer Diät mit niedrigem Cholesterol- und Fettgehalt und zusätzlichem körperlichem Training. Pritkin behauptete:»Wir haben bewiesen, daß bei fünf von zwölf Patienten (= 42 %) die fortgeschrittene Verkalkung der Herzkranzgefäße rückgängig gemacht werden kann.«

Dr. David H. Blenkenhorn von der kardiologischen Abteilung der University of Southern California in Los Angeles behauptet:»Wir haben bei 9 von 40 Atherosklerose-Patienten (= 25 %) Verbesserungen des Gesundheitszustandes festgestellt.«

Alle Patienten, die an den beiden erwähnten Programmen teilnahmen, waren bereits herzkrank, als sie den Gruppen zugeteilt wurden. Viele hatten Infarkte erlitten; einige konnten kaum gehen.

Bei dem fünf Monate dauernden Programm des Longevity Research Institute erhalten die Patienten eine Diät, die zu 10 % aus Eiweiß, zu 10 % aus Fett und zu 80 % aus komplexen Kohlenhydraten besteht. Zusätzlich müssen die Patienten 5 bis 20 Meilen pro Tag gehen. Die Cholesterolaufnahme wird auf annähernd null reduziert. Das Programm der University of South California ähnelt diesem Programm, ist jedoch weniger streng.

Der Kardiologe Dr. John Kern, klinischer Lehrer an der University of Californa Medical School in Irvine, der bei dem Programm des Longevity Research Institute unterstützend mitwirkte, sagte:»Ich war angesichts der Ergebnisse verblüfft . . . Es dauerte nicht lange, bis die Patienten, von denen einige vor Beginn des Versuchs kaum gehen konnten, sogar Langstrecken liefen.«

Einer der Patienten war Leon Perlsweig, ein 55 Jahre alter Rechtsanwalt, aus Los Angeles. Er sagte:»Ich war für eine Herzoperation vorgesehen. Ich hatte Schwierigkeiten, von der Rückseite meines Hauses zur Vorderseite zu gehen. Als die Ärzte mir sagten, daß ich bald in der Lage sein würde, eine Meile zu laufen — ohne Operation —, glaubte ich ihnen nicht. Jetzt bin ich in der Lage, sieben oder acht Meilen pro Tag zu laufen.«

Der Präsident der American Heart Association, Dr. John T. Shepherd, behauptet:»Diese Versuchsergebnisse erfüllen uns mit Optimismus, daß wir die Herzkrankheiten in den Griff bekommen.«

Sie können sie in den Griff bekommen, bevor Ihr Gesundheitszustand so schlecht wird, daß Sie Mitglied einer Koronargruppe werden, indem Sie sofort zu joggen anfangen.

18. Die Ernährung des Joggers

Bestimmte grundlegende Ernährungsregeln spielen eine entscheidende Rolle im Hinblick auf die Fähigkeit des Athleten, bessere Leistungen zu erbringen und effektiv zu trainieren. So haben z. B. Untersuchungen deutlich gezeigt, daß Kohlenhydrate für die sportliche Leistung eine wichtige Rolle spielen.

Chronische Erschöpfung hängt mit der Entleerung der Glykogenspeicher zusammen, und eine Diät, die zu 60 % aus Kohlenhydraten besteht, reicht nicht aus, um die Muskelglykogenspeicher wiederaufzufüllen. Es wurde gezeigt, daß für die Wiederauffüllung fünf Tage nötig sind, denn um kontinuierlich und effektiv Muskelarbeit zu verrichten, sind große Muskelglykogenspeicher nötig.

Kohlenhydrate lassen sich effektiv speichern. Eine Methode des Speicherns besteht darin, daß man zunächst drei Tage lang die Glykogenspeicher systematisch entleert. An den darauffolgenden Tagen nimmt man verstärkt Kohlenhydrate auf. Das Ergebnis ist — zumindest theoretisch — eine 100prozentige Zunahme der Ausdauerleistungsfähigkeit. Es besteht hierbei jedoch auch die Gefahr, daß der Organismus die plötzliche Änderung der normalen Ernährungsgewohnheiten nicht verkraftet und die Leistungsfähigkeit sich verschlechtert, wenn diese Ernährungsumstellung unmittelbar vor einem Wettkampf erfolgt.

Kohlenhydrate liefern fast die gesamte für das Laufen notwendige Energie, zumindest während der ersten 45 Minuten. Danach überwiegt die Energiegewinnung durch die Fettverbrennung. Wenn Sie also an Langstrecken- und Marathonläufen teilnehmen, müssen Sie daran denken, daß die Mahlzeit, die Sie vor dem Wettkampf zu sich nehmen, vermutlich wenig zur Energieversorgung während des Wettkampfes beiträgt. Sie müssen in diesem Fall sehr viel früher daran denken, Ihre Energiequellen aufzufüllen.

Untersuchungen haben auch gezeigt, daß Flüssigkeiten die besten Nahrungs- und Energiequellen für Wettkämpfe sind, daß Fleisch und Kartoffeln denkbar ungeeignet sind und daß es am günstigsten für Athleten ist, wenn sie in der Wettkampfsituation nüchtern bzw. fast nüchtern sind. Flüssige Mahlzeiten verlassen den Magen rasch, und das Völlegefühl verschwindet schnell. Sie unterstützen darüber hinaus die Zwerchfellaktion und erleichtern die Atmung.

Schränken Sie die Wassereinnahme oder die Einnahme anderer Flüssigkeiten während des Trainings oder während Rennen nicht ein. Es könnte ernsthafte Konsequenzen haben, sogar fatale, wie bereits früher erwähnt.

Normale Nahrungsmittel enthalten große Proteinmengen, und man hat festgestellt, daß ein Übermaß an Proteinen die Muskelmasse nicht vergrößert, sondern daß sich die Proteine in Abfallprodukte verwandeln.

Die moderne medizinische Meinung ist, daß die Zufuhr großer Kohlenhydratmengen für trainierte Athleten gut ist, denn sie verbrennen sie, was sich an den extrem niedrigen Blutzuckerwerten zeigt.

Diät in Kombination mit hartem Training ist als Methode der Gewichtsreduktion nicht geeignet. Wenn Sie eine Diät durchführen und ihre Kalorienaufnahme reduzieren, wird die Fähigkeit, diese Kalorien durch die in der Leber und in der Muskulatur gespeicherten Kohlenhydrate zu ersetzen, abnehmen, und Ihre Leistungsfähigkeit wird beträchtlich reduziert werden.

Das schlimmste, was Sie als Jogger tun können, ist, zu hungern oder sich zu dehydrieren.

Die US-Luftwaffenärzte Bruce C. Harger, James B. Miller und James C. Thompson veröffentlichten die folgenden Tabellen im *Journal of the American Medical Association* . Sie zeigen den Kalorienaufwand beim Laufen und sollten von jedem, der ein Joggingprogramm beginnt, studiert werden.

Tab. 1 — Verbrauchte Kalorien pro gelaufene Meile

Gew. (Pfund)	Tempo (in Minuten) pro Meile								
	5:20	6:00	6:40	7:20	8:00	8:40	9:20	10:00	10:40
120	83	83	81	80	79	78	77	76	75
130	90	89	88	87	85	84	83	82	81
140	97	95	94	93	92	91	89	88	87
150	103	102	101	99	98	97	95	94	93
160	110	109	107	106	104	103	101	100	99
170	117	115	113	112	111	109	107	106	105
180	123	121	120	119	117	115	114	112	111
190	130	128	127	125	123	121	120	118	117
200	137	135	133	131	129	128	126	124	123
210	143	141	139	137	136	134	132	130	129
220	150	148	146	144	142	140	138	136	135

NB: Ein Energieaufwand von 3 500 Kalorien entspricht einem Gewichtsverlust von 1 Pfund.

Tab. 2 — Verbrauchte Kalorien pro Minute

Gew. (Pfund)	Tempo (in Minuten) pro Meile								
	5:20	6:00	6:40	7:20	8:00	8:40	9:20	10:00	10:40
120	15.6	13.8	12.1	10.9	9.9	9.0	8.3	7.6	7.0
130	16.9	14.8	13.2	11.8	10.7	9.7	8.9	8.1	7.6
140	18.1	15.9	14.1	12.6	11.5	10.5	9.6	8.8	8.1
150	19.4	17.0	15.1	13.5	12.3	11.2	10.2	9.4	8.7
160	20.6	18.1	16.1	14.5	13.0	11.8	10.9	10.1	9.3
170	21.9	19.2	17.0	15.3	13.8	12.7	11.5	10.6	9.8
180	23.1	20.2	18.0	16.2	14.6	13.3	12.2	11.2	10.4
190	24.2	21.3	19.0	17.0	15.4	14.0	12.9	11.8	10.9
200	25.6	22.4	19.9	17.9	16.2	14.8	13.5	12.4	11.5
210	26.9	23.6	20.9	18.7	17.0	15.5	14.1	13.0	12.1
220	28.1	24.7	21.9	19.6	17.8	16.2	14.8	13.6	12.6

Tab. 3 — Verbrauchte Kalorien pro Stunde

Gew. (Pfund)	Tempo (in Minuten) pro Meile								
	5:20	6:00	6:40	7:20	8:00	8:40	9:20	10:00	10:40
120	936	828	726	654	594	540	498	456	420
130	1014	888	793	708	642	582	534	492	456
140	1086	954	846	756	690	630	576	528	486
150	1164	1020	906	810	738	672	712	564	522
160	1236	1086	966	870	780	708	654	600	558
170	1314	1152	1020	918	828	762	690	636	588
180	1386	1212	1080	972	876	798	732	672	624
190	1464	1278	1140	1020	924	840	774	708	654
200	1536	1344	1194	1074	972	883	810	744	690
210	1614	1416	1230	1122	1020	930	846	780	726
220	1686	1482	1314	1176	1068	972	888	816	756

19. Trainingspläne

Wir wollen Ihnen im folgenden einige Trainingspläne vorstellen, denn das Jogging ist trotz seines grundsätzlichen Charakters als Fitneßtraining mittlerweile um eine Wettkampfkomponente bereichert worden. Heutzutage finden Volksläufe über Distanzen zwischen 5 und 21,1 km (Halbmarathon) statt, und viele Läufer, die zu Anfang nicht mehr im Sinn hatten, als ein oder zwei Runden um den Wohnblock zu traben, haben angesichts ihrer verbesserten Kondition Lust auf Wettkämpfe bekommen.

Bei vielen dieser Jogger handelt es sich um Ex-Sportler, die ihren Sport im Seniorenalter wieder aufnehmen. Andere sind hingegen, was das wettkampfmäßig betriebene Laufen angelangt, vollkommene Neulinge. Der Einfluß gerade dieser Läufer ist jedoch so groß, daß die meisten organisierten Laufclubs und die von ihnen angebotenen Wettbewerbe Altersabteilungen bzw. eine Altersklassenwertung aufweisen, um dieser neuen Sorte von Läufern gerecht zu werden.

Wenn Sie erst einmal die elementare Stufe des Joggings hinter sich gelassen haben und die Volksläufe, Mittelstreckenläufe und gar die Marathonläufe ins Auge fassen, müssen Sie sich gut vorbereiten, damit Sie sie wirklich als neue Erfahrungen genießen können.

Die folgenden Pläne bereiten Sie auf die kurzen Volksläufe, die längeren Läufe und auch auf die Halbmarathonläufe vor. Die erstgenannten Läufe eignen sich für alle Anfänger, die zweitgenannten sind für Personen gedacht, die bereits zwei Jahre laufen und insofern bereits über Basiserfahrungen verfügen; die Halbmarathonläufe schließlich sind für Sportler gedacht, die einen Punkt erreicht haben, an dem sie sich mehr als Läufer denn als Jogger fühlen.

Die Pläne sind nur als Vorschläge gedacht. Es ist nicht notwendig oder wünschenswert, daß Sie die Instruktionen Tag für Tag sklavisch befolgen. Da wir das wettkampfmäßig betriebene Laufen nur als eine Erweiterung des Jogging und nicht als Trittbrett für die nächsten Olympischen Spiele betrachten, sollten Sie nicht zögern, das Programm je nach Befinden zu reduzieren. Es ist z. B. besser sechs Windsprints durchzuführen und sie zu genießen, als sich trotz körperlichen Unbehagens durch sechs Windsprints hindurch zu quälen.

Damit Sie die Pläne besser verstehen, seien im folgenden die wichtigsten Komponenten erklärt:

Aerober Dauerlauf — Der aerobe Dauerlauf ist mehr als Jogging, er muß jedoch strikt kontrolliert werden. Die Geschwindigkeit muß stets unterhalb Ihrem maximalen Steady State liegen, womit das Tempo gemeint ist, das Sie bequem laufen können, ohne zu ermüden und eine unangenehme Sauerstoffschuld einzugehen. Ein sorgfältig reguliertes aerobes Dauerlaufprogramm — Belastung ohne Überlastung — resultiert in einem fortschreitenden Anstieg des Steady State und logischerweise auch in einer schnelleren aeroben Laufgeschwindigkeit. Ein derartiges Training dient der Verbesserung der Ausdauer. Später werden weitere Elemente hinzugefügt, die zur Verbesserung der anaeroben Kapazität beitragen. Hierbei gehen Sie absichtlich für bestimmte Zeiträume und bestimmte Strecken über Ihr maximales Steady State hinaus, mit dem Ziel, Ihr Steady State und Ihre Fähigkeit, eine Sauerstoffschuld zu ertragen, weiter zu verbessern.

Fartlek — Fartlek, schwedisch für Fahrtspiel, ist ein Lauf mit willkürlich variiertem Tempo auf Waldwegen, in Parks und über Felder. Fartlek besteht aus aeroben und anaeroben Laufabschnitten, die im allgemeinen entsprechend der momentanen Kondition und den Fähigkeiten des jeweiligen Läufers gewählt werden. Laufen Sie hier mit längerem Schritt, sprinten oder joggen Sie dort, oder springen Sie einen Hügel hinauf.

Zeitkontrolläufe — Wenn Sie Ihrem Körper oft genug eine bestimmte Übung zumuten, werden Sie dieselbe Übung im Laufe der Zeit mit immer größerer Effizienz ausführen. Das gilt auch für das Laufen langer Strecken. Die den Zeitkontrolläufen zugrundeliegende Idee ist, Strecken, die ungefähr Ihrer bevorzugten Wettkampfdistanz entsprechen, mit nahezu maximaler Geschwindigkeit zu laufen. Führen Sie jedoch nicht so häufig Zeitkontrolläufe durch, daß Sie sich erschöpfen.

Wiederholungsläufe — Wiederholungsläufe werden in der Regel mit dem Ziel, die anaerobe Kapazität über eine Variation der Laufanzahl, der Streckenlänge, der Laufzeiten und der Länge der Pausen zwischen den einzelnen Läufen zu verbessern, durchgeführt. Trainieren Sie auch hierbei soviel und solange Sie Lust haben, und befolgen Sie nicht stur den Plan. Laufen Sie, bis die eingegangene Sauerstoffschuld bei Ihnen eine Ermüdung hervorruft.

Entspanntes schnelles Laufen — Es handelt sich hierbei um Beschleunigungen auf bestimmten Streckenabschnitten (lange Schritte) mit darauffolgendem Jogging bevor das Tempo erneut erhöht wird.

Windsprints — Hiermit sind Sprintserien gemeint, die durch Trab-pausen unterbrochen werden. Entwickeln Sie nicht den Ehrgeiz, der welt-beste Sprinter zu werden.

Sprungläufe bergan oder Treppenläufe — Beide Laufformen sind wichtig zur Entwicklung beweglicher, geschmeidiger und kräftiger Mus-keln und Sehnen von den Knöcheln an aufwärts. Die Sprungläufe bergan (mittelsteile Steigung) werden ausgeführt, indem man sich mit den Zehen / Ballen abstößt, sich so hoch wie möglich aufrichtet, wieder auf den Ze-hen / Ballen landet und sich sofort erneut abstößt. Ihre Fortbewegung nach vorne sollte nur minimal sein; stattdessen müssen Sie sich auf eine völlige Beinstreckung und das Aufrichten des Körpers gegen die Schwer-kraft konzentrieren. Die Sprungläufe steile Hügel hinauf und Treppen-läufe verlangen außerdem bei jedem Schritt eine starke Sprunggelenkbeu-gung, einen hohen Kniehub und eine nach vorne-aufwärts gerichtete völ-lige Streckung des Sprungbeins von den Zehen bis zur Hüfte. Ideal ist es, wenn der Anstieg in eine Ebene übergeht, auf der Sie sich joggenderweise erholen können, bevor Sie wieder mit langen Schritten bergab laufen und anschließend den gesamten Kurs noch einmal laufen. Wenn sich am Fuße des Hügels ebenfalls eine Ebene befindet, können Sie hier Sprints über unterschiedliche Distanzen bis zu 50 m durchführen. Es handelt sich hier-bei um eine relativ harte Trainingseinheit, die am besten durch ein 15minütiges Jogging eingeleitet und abgeschlossen wird. Das sollte übri-gens bei allen Schnelligkeitsbelastungen der Fall sein.

Läufe zur Verbesserung der Schrittfrequenz — Laufen Sie eine be-stimmte Strecke, wobei Sie sich auf eine möglichst hohe Schrittfrequenz konzentrieren. Laufen Sie mit hohem Kniehub, was gleichzeitig bedeutet, daß Sie Ihre Hüfte nach vorne drücken, und kümmern Sie sich nicht um die Schrittlänge.

Volkslauf

Sechs Wochen lang: Montag — 15 bis 45 Min. Jogging
Dienstag — 30 bis 60 Min. Jogging
Mittwoch — 15 bis 45 Min. Jogging
Donnerstag — 30 bis 45 Min. Jogging
Freitag — Ruhe oder 30 Min. Jogging
Samstag — 15 bis 45 Min. Jogging
Sonntag — 30 bis 60 Min. Jogging

Vier Wochen lang: Montag — 4 bis 6 mal 100 m (locker, lange Schritte)
Dienstag — 30 bis 60 Min. Joggen
Mittwoch — 3 000-m-Zeitkontrollauf
Donnerstag — 30 bis 60 Min. Joggen
Freitag — Ruhe oder 30 Min. Joggen
Samstag — 5 000-m-Zeitkontrollauf
Sonntag — 45 Min. bis 1 1/2 Std. Joggen

Vier Wochen lang: Montag — 4 bis 6 mal 200 m (locker, lange Schritte)
Dienstag — 30 bis 60 Min. Joggen
Mittwoch — 3 000-m-Zeitkontrollauf
Donnerstag — 30 bis 45 Min. lockeres Fartlek
Freitag — Ruhe oder 30 Min. Joggen
Samstag — 5 000-m-Zeitkontrollauf
Sonntag — 1 bis 1 1/2 Std. joggen

Vier Wochen lang: Montag — Wiederholungsläufe: 2 bis 4 mal 800 m
Dienstag — 30 bis 60 Min. Joggen
Mittwoch — 3 000-m-Zeitkontrollauf
Donnerstag — 30 bis 45 Min. lockeres Fartlek
Freitag — Ruhe oder 30 Min Joggen
Samstag — 5 000- oder 10 000-m-Zeitkontrollauf
(wöchentlich abwechseln)
Sonntag — 1 bis 1 1/2 Std. Joggen

Zwei Wochen lang: Montag — Wiederholungsläufe: 2 bis 3 mal 1 500 m
Dienstag — 30 bis 60 Min Joggen
Mittwoch — 5 000-m-Zeitkontrollauf
Donnerstag — 4 bis 8 mal 100 m (schnell und entspannt)
Freitag — Ruhe oder 30 Min. Joggen
Samstag — 5 000-m-Zeitkontrollauf (1. Woche),
10 000-m-Zeitkontrollauf (2. Woche)
Sonntag — 1 bis 1 1/2 Std. Joggen

Eine Woche lang: Montag — 6 bis 8 Windsprints über 100 m (Pause:
                    200 m Joggen)
                    Dienstag — 45 Min. Joggen
                    Mittwoch — 2 000-m-Zeitkontrollauf
                    Donnerstag — 4 bis 6 mal 100 m (schnell und ent-
                    spannt)
                    Freitag — Ruhe oder 30 Min. Joggen
                    Samstag — 3 000-m-Zeitkontrollauf
                    Sonntag — 45 bis 60 Min. Joggen

Eine Woche lang: Montag — 6 bis 8 mal 100 m (schnell und entspannt)
                    Dienstag — 1 000-m-Zeitkontrollauf
                    Mittwoch — 45 Min. Joggen
                    Donnerstag — 30 Min. Joggen
                    Freitag — Ruhe oder 30 Min. Joggen
                    Samstag — Volkslauf
                    Sonntag — 45 bis 60 Min. Joggen

10 000 m bis Halbmarathon
(Jogger im zweiten Jahr)

Sechs Wochen lang: Montag — 30 bis 45 Min. aerober Dauerlauf
Dienstag — 60 Min. Joggen
Mittwoch — 30 bis 45 Min. aerober Berglauf
Donnerstag — 60 Min. Joggen
Freitag — 30 Min. lockeres Fartlek
Samstag — 45 Min. aerober Berglauf
Sonntag — 1 1/2 Std. Joggen

Vier Wochen lang: Montag — 30 bis 45 Min. lockeres Fartlek
Dienstag — 1 bis 1 1/2 Std. aerober Dauerlauf
Mittwoch — 5 000-m-Zeitkontrollauf
Donnerstag — 1 bis 1 1/2 Std. aerober Dauerlauf
Freitag — 30 Min. lockeres Fartlek
Samstag — 10 000-m-Zeitkontrollauf
Sonntag — 1 1/2 Std. Joggen

Vier Wochen lang: Montag — Läufe zur Verbesserung der Schrittfrequenz: 6 bis 8 mal 100 m
Dienstag — 1 bis 1 1/2 Std. Joggen
Mittwoch — 30 bis 45 Min. Sprungläufe bergan oder Bergaufläufe (steil) bzw. Treppenläufe
Donnerstag — 1 bis 1 1/2 Std. Joggen
Freitag — Läufe zur Verbesserung der Schrittfrequenz: 6 bis 8 mal 100 m
Samstag — 30 bis 45 Min. Sprungläufe bergan oder Bergaufläufe (steil) bzw. Treppenläufe
Sonntag — 1 1/2 Stunden oder länger Joggen

Vier Wochen lang: Montag — Wiederholungsläufe: 6 bis 10 mal 400 m
Dienstag — 1 bis 1 1/2 Stunden Joggen
Mittwoch — 45 Min. lockeres Fartlek
Donnerstag — Wiederholungsläufe: 8 bis 12 mal 200 m
Freitag — 6 bis 10 mal 100 m (schnell und entspannt)
Samstag — 5 000-m-Zeitkontrollauf
Sonntag — 1 1/2 Stunden oder länger Joggen

Vier Wochen lang:	Montag — 6 bis 8 Windsprints über 100 m (Pause: 200 m Joggen) Dienstag — 1 1/2 Std. Joggen Mittwoch — 3 000-m-Zeitkontrollauf Donnerstag — 30 Min. lockeres Fartlek Freitag — 6 bis 8 mal 100 m (schnell und entspannt) Samstag — Rennen oder 5 000-m-Zeitkontrollauf Sonntag — 1 Std. oder länger Joggen
Eine Woche lang:	Montag — 8 bis 10 Windsprints über 45 m (Pause: 100 m Joggen) Dienstag — 30 Min. lockeres Fartlek Mittwoch — 5 000-m-Zeitkontrollauf Donnerstag — 6 mal 100 m (schnell und entspannt) Freitag — 30 Min. Joggen Samstag — 1 500-m-Rennen Sonntag — 1 Std. Joggen
Eine Woche lang:	Montag — 10 Windsprints über 45 m (Pause: 100 m Joggen) Dienstag — 6 bis 8 mal 100 m (schnell und entspannt) Mittwoch — 800-m-Zeitkontrollauf Donnerstag — 45 Min. Joggen Freitag — 30 Min. Joggen Samstag — Erstes wichtiges Rennen Sonntag — 1 Std. oder länger Joggen
Wettkampffortsetzung:	Montag — 6 mal 200 m (locker, lange Schritte) Dienstag — 30 bis 45 Min. lockeres Fahrtspiel Mittwoch — 3 000-m-Zeitkontrollauf mit 3/4 Einsatz Donnerstag — 45 Min. Joggen Freitag — 30 Min. Joggen Samstag — Rennen Sonntag — 1 Std. oder länger Joggen

10 000 m bis Halbmarathon
(Erfahrene Jogger)

Sechs Wochen lang: Montag — 45 bis 60 Min. aerober Dauerlauf
Dienstag — 1 1/2 Std. Joggen
Mittwoch — 45 Min. aerober Berglauf
Donnerstag — 1 1/2 Std. Joggen
Freitag — 30 Min. leichtes Fartlek
Samstag — 60 Min. aerober Berglauf
Sonntag — 1 1/2 Std. oder länger Joggen

Vier Wochen lang: Montag — 45 bis 60 Min. lockeres Fartlek
Dienstag — 1 1/2 Std. aerober Dauerlauf
Mittwoch — 5 000-m-Zeitkontrollauf
Donnerstag — 1 1/2 Std. aerober Dauerlauf
Freitag — 45 Min. lockeres Fartlek
Samstag — 10 000-m-Zeitkontrollauf
Sonntag — 1 1/2 Std. oder länger Joggen

Vier Wochen lang: Montag — Läufe zur Verbesserung der Schrittfrequenz: 8 bis 10 mal 100 m
Dienstag — 1 1/2 Std. Joggen
Mittwoch — 45 Min. Sprungläufe bergan oder Bergaufläufe (steil) bzw. Treppenläufe
Donnerstag — 1 1/2 Std. Joggen
Freitag — Läufe zur Verbesserung der Schrittfrequenz: 8 bis 10 mal 100 m
Samstag — 45 bis 60 Min. Sprungläufe bergan oder Bergaufläufe (steil) bzw. Treppenläufe
Sonntag — 1 1/2 Std. oder länger Joggen

Vier Wochen lang: Montag — Wiederholungsläufe: 10 bis 15 mal 200 m
Dienstag — 1 1/2 Std. Joggen
Mittwoch — 45 bis 60 Min. lockeres Fartlek
Donnerstag — Wiederholungsläufe: 10 bis 15 mal 200 m
Freitag — 8 bis 10 mal 100 m (schnell und entspannt)
Samstag — 5 000-m-Zeitkontrollauf
Sonntag — 1 1/2 Std. oder länger Joggen

Vier Wochen lang: Montag — 8 bis 10 Windsprints über 100 m (Pause:
                     200 m Joggen)
                     Dienstag — 1 1/2 Std. oder länger Joggen
                     Mittwoch — 3 000-m-Zeitkontrollauf
                     Donnerstag — 45 Min. lockeres Fartlek
                     Freitag — 8 bis 10 mal 100 m (schnell und entspannt)
                     Samstag — Rennen oder 5 000-m-Zeitkontrollauf
                     Sonntag — 1 Std. oder länger Joggen

Eine Woche lang: Montag — 12 bis 16 Windsprints über 45 m (Pause:
                     100 m Joggen)
                     Dienstag — 45 Min. lockeres Fartlek
                     Mittwoch — 5 000-m-Zeitkontrollauf
                     Donnerstag — 6 bis 8 mal 100 m (schnell und ent-
                     spannt)
                     Freitag — 30 Min. Joggen
                     Samstag — 1 500-m-Rennen
                     Sonntag — 1 Std. Joggen

Eine Woche lang: Montag — 12 Windsprints über 45 m (Pause: 100 m
                     Joggen)
                     Dienstag — 6 bis 8 mal 100 m (schnell und entspannt)
                     Mittwoch — 800-m-Zeitkontrollauf
                     Donnerstag — 45 Min. Joggen
                     Freitag — 30 Min. Joggen
                     Samstag — Erstes wichtiges Rennen
                     Sonntag — 1 1/2 Std. Joggen

Wettkampffortset-   Montag — 6 mal 200 m (locker, lange Schritte)
zung: Dienstag — 45 Min. lockeres Fartlek
                     Mittwoch — 3 000-m-Zeitkontrollauf mit 3/4 Einsatz
                     Donnerstag — 45 Min. Joggen
                     Freitag — 30 Min. Joggen
                     Samstag — Rennen
                     Sonntag — 1 1/2 Std. Joggen

adidas-Torsion und 18 »Feinheiten«

1 Optimale Paßform durch den neuen Running-Leisten.

2 Unity Heel: neue Außen-Hinterkappe aus formbeständigem und unzerbrechlichem Polyamid.

3 Die Differential-Schnürung für schnelles Schnüren.

4 Der Reflektor sorgt dafür, daß man auch in der Dunkelheit beim Laufen rechtzeitig gesehen wird.

5 Purolite-Zwischensohle: Das Material ermüdet kaum, ist leichter, elastischer und bleibt stabil.

5a Die Fersenpartie ist zum äußeren hinteren Rand hin abgeschrägt und vergrößert die Auftrittsfläche.

5b Die Fersenrille erhöht beim ersten Bodenkontakt die flexible Anpassung im Fersenbereich.

5c Der neue Fersenstabilisator: eine Spangenkonstruktion um die eingebettete Ferse.

5d Das Führungselement wirkt der Übersupination entgegen.

6 adifit TORSION-Inlay, die neue Einlegesohle, speziell auf das TORSION-System zugeschnitten. Der 3-Schichten-Aufbau sorgt für beste Fußhygiene.

7 Die Positraction-Running-Sohle: durch eine neue Gummimischung extrem abriebfest und griffig.

7a Die Eingleitzone sorgt für reibungsloses Eingleiten in der natürlichen Eingleitrichtung.

7b Die Dämpfungszone: eine zweilagige Kugeldämpfung für doppelte Dämpfung.

7c Die Stützblockprofile ergänzen den Stützeffekt der Pronationsstütze.

7d Das Noppenprofil verbessert den Bodenkontakt und wirkt darüberhinaus noch dämpfend.

7e Die Flexionszonen unterstützen die natürliche Abrollbewegung über den Großzeh.

7f Der Ballendrehkreis gibt die natürliche Rotationsbewegung unter dem Vorfußbereich frei.

7g Die Abstoßzone: hohe Griffigkeit — sorgt für beste Kraftübertragung vom Fuß auf den Boden.

Meyer & Meyer Verlag

Außerdem sind in unserem Verlag Titel zu den Bereichen
Sport, Gesundheit, Theater, Hobby und Reisen erschienen:

Zu dem Thema Sport:

Dr. med. v. Aaken — Das van Aaken Lauflehrbuch, 38.00 DM
Dr. med. v. Aaken — Das Laufbuch der Frau, 34.00 DM
Dr. med. v. Aaken — Krebsvorbeugung, 25.00 DM
Aschwer — Meine Abenteuer — Hawaii-Triathlon, 19.80 DM
Breuer-Schüder — Leistungssteigerung durch gezielte Ernährung, 24.80 DM
Breuer-Schüder — Mehr Wissen — mehr leisten, 29.80 DM
Dr. Buschmann — Ausdauertraining für Kinder, 19.80 DM
Robert de Castella — Laufen — mein Leben, 34.00 DM
Sebastian Coe — Running free, 29.80 DM
Prof. L. Diem — Auf die ersten Lebensjahre kommt es an, 24.80 DM
M. Flanagan — Golf — Spiel mit Kopf, 58.00 DM
Frenzen — Olympische Spiele, 24.80 DM
Galloway — Richtig Laufen mit Galloway, 24.80 DM
Dr. med. Hans Hartkopf — Glück des Laufens, 34.00 DM
Hinault — Eine Radsportkarriere, 29,80 DM
Prof. Jung — Die Schweizer Waffenläufe, 32.00 DM
Prof. Jung — Sport und Ernährung, 17.80 DM
Prof. Jung — Das 2. Leben, 17.80 DM
Prof. Jung — Gymnastik als Therapie, 24.80 DM
Prof. Kleine — Langlauf in der Kritik, 29.80 DM
Kleine/Lennartz — Pulsschlag 130, 19.80 DM
Lydiard — Jogging mit Lydiard, 19,80 DM
Lydiard — Laufen mit Lydiard, 29.80 DM
Polet-Kittler — Yoga, 17.80 DM
Rausch — Fit bis zum Umfallen, 17.80 DM
E.-M. v. Schablowsky — Hilfe — mein Mann läuft, 19.80 DM
E.-M. v. Schablowsky — Zur Strecke gebracht, 19.80 DM
Shangold — Sportmedizin für Frauen, 29,80 DM
W. Sonntag — Mehr als Marathon, Bd. 1, 24.80 DM
W. Sonntag — Mehr als Marathon, Bd. 2, 24.80 DM
Thiemer/Thiemer — Langlauf ist unser Leben, 17.80 DM
Vellage — Läuferin — Langstrecklerin — Marathonläuferin, 24.80 DM
Waitz/Averbuch — Worldclass, 29,80 DM
Williams — Rekorde durch Doping?, 29.80 DM

Bischops/Gerards — Tips für Feiern in Sport und Freizeit, 12.80 DM
Bischops/Gerards — Tips für Spiele mit dem Fußball, 12,80 DM
Bischops/Gerards — Tips für Sportspiele, 12.80 DM
C.J. Diem — Tips für Laufanfänger, 9.80 DM
Polet-Kittler — Tips für Yoga, 9.80 DM

Aschwer — Handbuch für Triathlon 29.80 DM
Dr. Fritsch — Handbuch für den Rudersport, 29.80 DM
Gambril/Bay — Handbuch für den Schwimmsport, 29.80 DM
Mikes — Handbuch für Basketball, 29,80 DM
Rosenberg — Handbuch für Gymnastik und Tanz, 29.80 DM
Unger — Handbuch für Kraftsport und Bodybuilding, 29.80 DM

Meyer & Meyer Fachverlag
Am Bayerhaus 23
D-5100 Aachen
☎ 0241/556033-34
Telefax 0241/558281